あなたと子どもの
お金が増える
大金持ちの
知恵袋30

菅井《すがい》敏之《としゆき》

集英社

資産は、決してあなた自身のものではない。
それは人々のために役立てることができるように、
あなたに一時的に預けられているものだ。

マハトマ・ガンディー

はじめに

この本は**「子どものお金教育をどうすればいいのか」**に迷っているお父さんお母さんに向けて書きました。

「最高のファイナンシャル・リテラシー」、つまり「最高のお金の知識」を身につければ、資産家といわれる富裕層に匹敵するほどの「豊かなマネーライフ」を送ることができます。

という私の信念をお届けしたいと思っています。

いま、経済の世界は大きな変化の途中にあります。

ビットコインに代表される暗号通貨（仮想通貨）の登場、正確にいえば「暗号通貨の仕組みを成り立たせるブロックチェーン技術という発明」は、事件です。

インターネットの登場と比較されるように、今後、人々のマネーライフを変えていくことになるでしょう。

子どもたちはどんな未来を生きることになるのでしょう？

この本を手にとってくださったのは、きっとこの変化を敏感に感じてらっしゃる方々だと思います。そしてまた、〝新しい経済の世界〟を生きていかねばならない子どもたちには、**「新しいお金教育」が必要なのではないか**と思っていませんか？

私はメガバンクに長く勤め、支店長なども経験しながら、コツコツと貯めたお金を元手にアパート経営に乗り出し、40代で独立しました。現在は、10棟のオーナーとして、また、田園調布の駅前で小さなカフェを経営し、アーティストの方に作品発表の場として活用していただいたりして、交流の場としてご提供しています。

また、お金や不動産のセミナーに講師として呼んでいただいたり、テレビやラジオに出演させていただくなかでみなさんの悩みにお答えしているうちに、いつの間にか**「お金の町医者」**と呼ばれたりするようになりました。

さて、「お金の悩み」といっても、人それぞれ。同じ「貯金ができない」といった症状でも、その方の性格や職業、家族構成やタイミングによってベストな処方は少しずつ違います。そして、医者たるもののいちばんの理想は、誰も患者が来ない「開店休業状態」なのですが、そうもいかない。なぜでしょう？

病にならない、薬の必要のない、健康なマネーライフを送るために必要な、いちばんの基本を、知らないまま大人になっている方が多いからです。

その思いとともに、銀行員としての経験と不動産オーナーとしての実践をもとに著した最初のシリーズ『お金が貯まるのは、どっち!?』、『家族のお金が増えるのは、どっち!?』(ともにアスコム刊)は、あわせて50万部のベストセラーになりました。

どちらもいままで私が勉強したり考えたり、実践してきたことをまとめたもので、出版前は「こんなフツーの内容で大丈夫なのだろうか」と思ったものですが、ふたを開けてみればまさかの大ヒット。あらためてみなさんが**「お金の不安を少しでも解消したい」「お金のことをきちんと知りたい、学びたい」**と考えていることを実感しました。なかでも「もっと早く知っておけば子どもに教えてあげられたのに」という声は切実でした。この**「子どもへ、ちゃんとお金のことを教えてあげたい」**という声に応えたい、という思いを込めたのが、本書です。

お子さんに最高のお金教育をしてあげられるようになりましょう。

釣った魚を与えるのではなく、魚の釣り方を教えるのが教育。そして、より大きくておいしい魚の釣り方と良い漁場は、釣りの名人に教わるのがいちばんです。

お金のことは、「お金の成功者」に教えてもらいましょう。

「お金の成功者」と聞くとみなさんはどんなイメージを抱きますか？　運転手つきのロールスロイスに乗っている人？　膨大な資産の利息だけで暮らせる人？　ロケットに乗り込んで宇宙にだって行けちゃう人？

実のところ、真の資産家は決して派手な生活はしませんし、服装も地味です。「秘すれば花」とよく言いますが、自分たちの核となる「最高のお金教育」や「お金の増やし方」をぺらぺらと吹聴《ふいちょう》したりもしません。この本では、マネードクターとして、**私が知りえた彼らの秘伝、「大金持ちの知恵袋」**から、本当に大切、と思うことだけをまとめました。

どれもアナログであたりまえのことばかり、と感じるかもしれません。

ですが、30の知恵袋すべてを実践できるようになったとき、きっとあなたにとっての「お金」の意味はがらりと変わっているはずです。そして、あなたと家族の未来がすばらしく豊かなものになるだろうことを確信しています。

はじめに ―― 2

第1章
「大金持ち」の知恵袋

お金教育は「筋トレ」 ―― 20

知恵袋 1
お金教育は「筋トレ」と同じ。
大金持ちが子どものお金教育に熱心なのは、
お金と仲良く生きていくには
正しい「お金筋《かねきん》」が必要と知っているから。

常に「資産」のことを考える ―― 25

知恵袋 2
「財務諸表」こそが最初に必要な筋肉。
「自分の資産」をちゃんとグリップできる力が
これからますます必要になる。

お金を貯めるのは、とってもカンタン！ ―― 29

知恵袋 3

まず貯蓄、残りで暮らす。
お金を貯める方法は、たったこれだけ！
「貯蓄筋」はコツコツ育てるべし。

知恵袋 4

常に「自分が社長だったら？」と考える。
雇われる側ではなく
雇う側の発想で世界を見よう！

知恵袋 5

家庭は小さな会社と同じ。
家族ひとりひとりが
オーナー社長のつもりで生活しよう。

知恵袋 6

お勉強のできる秀才は目指さない。
得意なことをうんと伸ばせば
異種異業種の垣根を越えた
最強のチーム編成を実現できる。

知恵袋 7

人脈、情報、学び、健康。
「4つの徳」は
強欲、不平、無知の
「3つの毒」を追い払う。

知恵袋 8
お金を使うときは
「人の喜びのために」。
これができる人が
真の大金持ちになる。

第2章 「稼げる人」の知恵袋

働くと、なぜお金がもらえるのか？ 68
ＡＩの登場でゆらぐ需要と供給のバランス 69
ビジネスの基本は〝進取の気性〟 71
ロボットにはない〝クリエイティビティ〟 72

知恵袋 9
〝進取の気性〟が「稼ぐ力」の基本。
新しいことに自ら進んでチャレンジする
自由な発想力と考える力があれば、
ＡＩなんてこわくない。

誰もやっていないことを真っ先に 76
「先ず隗より始めよ」 76

知恵袋 10
ビジネスマインドを支えるのは
〝隗より始めよ〟の精神。
まず自分が一歩動く力を大切にする。

元気な会社の「4つの評価基準」 80
常に勉強、常にアップデート 82

知恵袋 11
いちばんエライのは、新しいことに挑戦して成功した者。
二番目にエライのは、新しいことに挑戦して失敗した者。
挑戦せずに失敗した者がもっとも残念なヒトである。

子どもを家族の「なんでも解決マン」に認定! 84
役割を超えた働きで、報酬アップ! 86
大きくなったら「定額+報酬のおこづかい制」 88
人の笑顔を働くモチベーションの原点に 90

知恵袋 12
子どもを「なんでも解決マン」に認定!
おこづかい制度を見直して
「家庭内ビジネス制」を導入する!

過保護は「自立」の最大のさまたげ 94
「先に宿題をやりなさい」は最悪のNGワード 95
親の「シキコブ力《りょく》」で子どもを伸ばす 98
目につく弱点が、大きく伸びることがある 99

知恵袋 13
挫折も弱点も伸びしろに変わる。
親の「シキコブ力」で子どもをサポート！

自立への助走期間を「逆算」させる 103
「マンダラチャート」と「人生設計シート」 105

知恵袋 14
中学生になったら自立までのカウントダウン開始。
「マンダラチャート」と「人生設計シート」が
大きな助けになる。

第3章 「貯められる人」の知恵袋

ライフプランで未来の支出を「見える化」 112
「夢の予算」で楽しく増やす 115

知恵袋 15

家族全員でライフプランを作成し、
「未来の支出」を「見える化」しよう。

知恵袋 16

家族の経営会議は、全員参加。
キャッシュレスの時代だからこそ
初回は、家計1か月分を現金で用意しよう！

知恵袋 17

ひとりひとりが「アメーバ経営」の視点を。
家計の問題点と改善プランを全員で考えよう。

父の背中を見て知った「お金の法則」 131
欲しいものは「プレゼンテーション」 133

知恵袋 18
欲しいものを手に入れるには知恵が必要。
家族の経営会議で
どんどんプレゼンテーションさせよう！

「教育費という聖域」はない 139
奨学金はほとんどが「借金」である 141

知恵袋 19
「教育費という聖域」はない。
親が子に借金を背負わせてはならない。

第4章 「増やせる人」の知恵袋

お金を手にしたときの3つの鉄則 146
お金は「消費」「貯蓄」「投資」の3種類 147
「収入」があったら「必ず貯蓄」 149

知恵袋 20

お金が手に入ったら「消費」「貯蓄」「投資」の3種類に分けて、「必ず貯蓄」する。

消費は「1週間単位」で管理する ―― 152
予算はパーセンテージで考える ―― 153

知恵袋 21

支出の管理はパーセンテージ、1週間単位の〝週足〟で考える。

「4つの貯金箱」を用意する ―― 156
お金の行き先は子どもが決める ―― 157

知恵袋 22

貯金箱は4つ以上用意する。目的を書き込んで、お金の行き先は、子ども自身が考えて管理する。

子どもと一緒に口座を作る ―― 160
お金がお金を増やしてくれる ―― 162

不必要な口座は整理する 163
個人情報やパスワードの管理法 165

知恵袋 23

子どもと一緒に新しい口座を開設して
お金がお金を増やす仕組みを手に入れる。
金融機関の情報や財産を守るスキルは
親も常にアップデートする。

おこづかい帳の目的は記録ではない 168
まず「予算」を記入する 170
「成果を見える化」すれば楽しく続けられる 173

知恵袋 24

おこづかい帳の目的は記録ではない。
「成果を見える化」することで
自分のお金の使い方を知り、
さらに楽しく増やすための味方である。

卵を産むニワトリを食べずに育てる 175
クラーク博士と赤毛のアン 177

知恵袋 25
卵を産むニワトリは決して食べてはいけないが、
〝がまん〟と考えるとつまらなくなる。
より大きな喜びのために、ワクワクしながら育てよう。
健全な野心とハングリー精神は人生を豊かにしてくれる。

第5章 「もらえる人」の知恵袋

18歳成人を待ち受ける金融リスク　182
子どもが失敗するチャンスを奪わない　183
「よく話してくれたね」は魔法の言葉　186

知恵袋 26
失敗するチャンスを親が奪わない。
子どものお金の失敗は、財産になる。

親の「失敗」も子どもの「財産」に　190
ニュースやチラシで考える「お金のこわさ」　190
当たりつきアイスでわかる行動心理　192
早期撤退できる人、できない人　193

デザイン：ロータス・イメージ・ラボラトリー

第1章

「大金持ち」の知恵袋

お金教育は「筋トレ」

なぜ私が、銀行員を辞め不動産オーナーとして生きる道を目指したのか。

それはかつて私がメガバンクの支店長としてサラリーマンをしていたころ、いわゆる「資産家」とされる人たちの暮らしぶりを間近に見ておおいに目を開かされたからにほかなりません。

同じく大金持ちであっても、お金についての悩みや不安がなく幸せな暮らしを送って見える人とそうでない人がいるという事実――その違いの理由のひとつには「月々の現金収入があるか否か」にありました。十分に思える資産を持つ人でもリタイア後に毎月の現金収入がなく、財産が目減りしていくばかりであれば、先々の心配から決して解放されることはなく、穏やかには暮らせてはいないようでした。

一方、笑顔で人生を謳歌《おうか》している人のほとんどは**不動産オーナー**でした。たとえいくばくかでも月々の家賃が現金収入として入ってくることで、お金の不安から解放される……！

こうして、私はいつか不動産オーナーとして独立するために〝コツコツ貯める〟生活に突入したのです（詳しいお話は前著に書きました。ご興味がありましたらご覧ください）。

もうひとつ、つくづく考えさせられたのは、資産を引き継いだ子世代、孫世代で、さらに発展するケースと、そうでないケースがある、という現実です。

どんなにたくさん資産を持っていても、つきあい方を間違えればお金はすぐに逃げていってしまうのです。

みなさんも、思い当たるふしがあるでしょう。

少し飲み会が続いたりすれば、月々のおこづかいはあっという間になくなります。

親から受け継いだ遺産も、退職金も、高級車やブランドもの、豪華な旅行などに使っていればあっという間に目減りします。株や不動産などへの投資も知識と経験によって正しく運用できなければいけません。

お金はあっという間にお財布から出ていきます。

この現実を誰よりも知っているのが**真のお金持ち。**

大切な資産をさらに発展させるために、彼らがいちばん大切にするのが**教育**です。大金持ちが代々お金持ちであり続ける理由は、例外なく子どもへのお金教育に熱心だからなのです。

彼らは、自分たちが身につけているお金に対する基本的な考え方と姿勢、さらにノウハウを、子どもが**幼いころから、暮らしのなかで自然に、くり返し、根気よく**伝えていきます。

お金を増やし続けるために必要な考え方と習慣は、筋トレのようなものです。

正しいトレーニング法を身につけなければへんなところに余計な筋肉がつきますし、もちろん、サボらずに続けていかなければなりません。残念ながら、一日で身につくものではないのです。

子どもたちがどんな世界を生きることになっても、お金の不安なく生きていけるための力を身につけるために、教えなければいけないことはたった3つ。

1　お金の稼ぎ方

2　お金の管理の方法

3　お金の知識は常に新しいものにしておくこと

そして、この3つの鉄則を身につけさせる目的はひとつ。

ひとりで生きていける力＝自立の力を育てること。

お金について学ぶとは、自立のために必須の、重要な第一歩であり、それこそが親のいちばん大切な役割です。

「稼ぐ力」は第２章で、「管理して、増やす力」は第３章と第４章で詳しくお話ししていきましょう。

知恵袋
1

お金教育は「筋トレ」と同じ。
大金持ちが子どものお金教育に熱心なのは、
お金と仲良く生きていくには
正しい「お金筋《かねきん》」が必要と知っているから。

常に「資産」のことを考える

お子さんへのお金教育を始めるとき、大切にしたいことが**財務諸表の考え方**を身につけさせること。

「財務諸表……難しそう」という悲鳴が聞こえるようです（笑）。みなさん、苦手意識をお持ちですよね。マネー本で「財務諸表、ＢＳ、ＰＬ」と出てくると思考停止、そこで読むのをやめてしまう、という声もよく聞きます。

ですが、声を大にしてお伝えします。**これが最初に必要な筋肉です。**

大金持ちは常に「資産」のことを考えているから大金持ちなのです。

「資産」とは「収益」を生むもとになるもの。つまり、**「新しいお金を運んでくれるもの」**です。具体的には、貯蓄や株などの**金融資産**。家賃収入のある**不動産**。収入を得るための**ビジネス力**です。

自分の金融資産は総額いくらで、そのうち株の配当金がいくら。もっと増やすためにはどうすればいいか？

不動産収入は現在いくら、評価額はいくら。これを担保に新しい物件を購入するのと、売却するのと、いまだったらどちらがよいだろう？

自分の収入を10％増やしてビジネス力を高めるためにはどうすればよいだろう？

このように、**自分の資産を「数字で見える化」して、常に課題や可能性を発見し、計画を立てて行動しているのが資産家です。**自分の資産が「いま、どれくらい新しいお金を生み出すものであるか」「どうすれば増やしていくことができるか」を常に**具体的な数字**で考えられなければいけません。その助けになるのが、財務諸表なのです。

財務諸表の中心となるのは2種類。

損益計算書《そんえきけいさんしょ》（PL）

貸借対照表《たいしゃくたいしょうひょう》（BS）

このふたつから見えてくるのは、収入と支出、資産と負債、手元にある現金の流れです。企業はもちろん、家庭においてもそれは同じです。

財務諸表は、財産と借入の状況、つまり黒字の財布なのか、赤字の財布なのか、「お財布の健康度」が一発でわかる「お財布のカルテ」なのです。

私はファイナンスのご相談にみえた方には、ざっくりでかまいませんので、とその場でご自分のBS、つまり、**資産と借金**を書きだしてもらうことにしています。

しかしみなさん、これが見事なまでのどんぶり勘定……収入や税金の額、住宅ローンや貯蓄の残高、自宅の現在の資産価値などがぱっと出てこないという状態の方が実に多いんですね。

困ったことに、たいていの人は財務諸表がなんであるかもわからずに、学校を卒業し生活しています。財務諸表がどのような働きをするか理解しておくことは、安定した生活を送りたいと思っている人にとって不可欠です。

自分の資産と負債、そのお金の流れを数字でしっかり把握していく力は、この先どんなに金融の仕組みが変化しても変わらず必要となる大切なスキル。財務諸表は、そのスキルの助けになってくれる強い味方です。

作ってみれば意外とカンタンですよ。**巻末「ベーシックコラム１」**にまとめましたので、ご家庭の「お財布の健康状態」をまずは図にしてみてください。

知恵袋
2

「財務諸表」こそが最初に必要な筋肉。
「自分の資産」をちゃんとグリップできる力が
これからますます必要になる。

お金を貯めるのは、とってもカンタン！

お金を貯めていくのは、カンタンです。収入から先に貯蓄して、残りで暮らす。

これさえできれば、少しずつであっても必ずお金は貯まっていきます。

貯蓄がないという方は、計画的な使い方がヘタだったり、収入に見合った暮らし方ができていないんです。せっかく貯めた貯蓄やボーナスを取り崩して生活費のやりくりに使ったりしています。これではお金が増えていかないのはあたりまえ。

お金はいつの間にか「貯まる」ものではありません。

一代で大きな富を得ている人は、貯蓄を運用し投資などで大きく増やす戦略を実践し**増える仕組み**を作りあげられた人です。戦略や行動力にも長《た》けている人といえますが、その前に**投資にまわせる「種銭《たねぜに》」となるお金のために「貯める努力」をコツコツと続けられた人**でもあるのです。

貯められない人は**貯蓄筋《ちょちくきん》**が弱かったり、自分の経済に見合った貯蓄筋がわかっていないのです。この筋肉を育てるための具体的な方法は第３章、第４章でお話しします。

大丈夫！　始めれば、すぐに良い筋肉が育ってきますから安心してください。

知恵袋
3

まず貯蓄、残りで暮らす。
お金を貯める方法は、たったこれだけ!
「貯蓄筋」はコツコツ育てるべし。

「自分が社長なら、どう考える？」

大金持ちが意識して子どもに教育しているもっとも大切なことがあります。

それは、お給料をもらう側ではなく、支払う側の発想を身につけさせるということ。

「支払う側」といっても消費者側ではありません。人に給料なりの報酬を支払う側、**人を雇う側＝経営者の目線でものごとを考えられる人間になる**ということです。

経営者としての思考法、つまり「社長なら、どう考えるか？」です。

実際に会社のオーナーではない人が身につけるのは難しいと思われるかもしれませんが、実は簡単。オーナーの思考法を育てるチャンスは毎日の暮らしのなかにいくらでも転がっています。

たとえば、家族で外食に出かけたとします。そんなときこそチャンスです。

「このお店でいちばんお金を稼いでいる人は誰だと思う？」

ランチが出てくるまで、そんな質問をして家族みんなで考えてみましょう。

時給１０００円のアルバイトさん？

月給35万円をもらっている店長さん？
店長とアルバイトを雇っているレストランのオーナーシェフ？

ランチセットはすべて税込み1000円。お姉ちゃん、弟、パパとママの4人で計4000円。お隣のカップルのテーブルは2000円。ランチタイムには、1テーブルあたり平均3000円の売上げがあることにします。このレストランにテーブルは5つ。ランチタイムはお客さんが2回転、ディナータイムは、コース料理のみで1人5000円。一日のテーブル平均売上げは4万円。レストランの営業時間は8時間。お休みは週1日で、月に25日営業する、としましょう。

さて、オーナーの手元に入る売上げはいくらになるでしょう？

4万円×5テーブル×25日＝500万円

簡単なかけ算でできる計算で十分です。

賃料や材料費など、さらに、そこから店長の月給とアルバイトさんの時給を引いたものがレストランオーナーの収入になります。ちょっとした計算でもアルバイトさんとの違いは明らかですね。幼い子どもなら、きっとこう言うでしょう。

「レストランのオーナーになりたい！」

でも、ちょっと待った。


このレストランが入っているビルは誰のもの？

テナントの家賃をもらっている人がいるのでは？

名物カレーを商品にして販売している会社の社長はいないか？

カレーをレトルト商品にするための特許を持っている人は？


「経営者の目線で考える」とは、この「見えない収入と支出」まで発想できるようにすること。

レストランが入っているビルのオーナーや、オリジナル商品の販売会社、特許で収入を得ている人の存在は、レストランにいるときにはなかなか見えてきません。同様に、税金など、見えにくい支出のことまで会話が広がっていったらしめたものです。

知恵袋
4

常に「自分が社長だったら?」と考える。
雇われる側ではなく
雇う側の発想で世界を見よう!

家庭は小さな会社と同じ

「稼ぐ力」の基礎となるのが「オーナー思考」。

お金持ちは常に「経営者」つまり「オーナー」の発想でものを考えています。このオーナー思考を育てるときに大切なのが、ヴィジョンです。

先の例でいえば、アルバイトより社員に、レストランオーナーに、さらにビルオーナーに、ビジネスの起業者に……と、いうこと。できる限り**より大きなヴィジョンで世界を見る視線を持つ**ということです。

「今まで会社を経営したこともないし難しそう……」という声が聞こえてきそうですが、そうでしょうか？

家庭の経済というものは、小さな会社を経営しているのと同じです。

この予算で家族全員の夏服を買うにはどこのお店で買うか？　次の家族旅行にハワイに行くためには毎月いくら貯蓄にまわせばいいか？　今年のボーナスは少ないから、パパの新しいコートは来年までがまん……などなど。

コストを下げて、赤字を減らし、収益を増やしていくにはどうすればよいか。増えた収益を貯蓄や投資にまわし、さらに増やしていくにはどの商品を選べばよいか。将来を予測し発展に備えて、いまなにを準備しておけばよいのか——少し考えるだけでもおわかりいただけると思います。

では、ここでひとつ質問。**家庭を経営**しているのは誰でしょう？

お給料をもらって働いているお父さん？

パートで働きながら家事などの運営もしているお母さん？

子どもたちは、お金を稼ぐことはできないから「経営のお荷物」でしょうか？

共働きの家庭もありますし、稼ぎ頭であるお母さんを主夫であるお父さんが支えている家庭もあるかもしれません。ここで大切なのは、お金を稼いできてくれる人だけでなく、**家族全員が、家庭の経営者である、と考えることなのです。**

家族全員がいかに「自分の経営」を成り立たせるか、という発想こそが「家庭の経営」の基本です。家族ひとりひとりが、「お給料をもらう側」ではなく「給料を生み出して渡す側」の発想でいなければ、良い会社にはなりません。

家族全員が「家庭の経営」に関心を持つこと、そしてひとりひとりが「自分の経営を黒字で成り立たせる」という意識こそが、健全なファイナンシャル・リテラシーを育てていくのです。

「定額おこづかい制」は大モンダイ！

そこで考えていただきたいのが「子どもの定額おこづかい制」です。

月々、定額のおこづかい制にしている家庭では、小学校に入ったから月に５００円、２年生になったから６００円に……と年齢に応じて増やしていく家庭が多いようです。

子どもに毎月定額のおこづかいをあげる、というのは、実は不思議なシステムです。

その月の働きや達成度いかんにかかわらず毎月の給料が口座に振り込まれる……これはまるで、入社したらよほどのことがないかぎり定年まで勤められる終身雇用制の会社で、年齢に応じてお給料が毎年昇給してきたかつての企業サラリーマンのようなもの。

現在はお勤めの方でもそんな悠長な時代ではありませんが、この〝サラリーマン感覚〟を育ててしまうのが、「月々支給のおこづかい制」だと私は感じています。

オーナーの目線とヴィジョンを育てるためには、まず、この受け身の意識＝「受給者意

識」から脱脚しなければいけません。

子どもへのおこづかいをどう渡すかは、ご家庭によってさまざまな考えがあると思いますが、わが家では、幼い子どもへのおこづかいは「働きに応じて」あげていました。

誰かが困っていることや悩んでいることを「発見」して、それを「解決」することで「お金がもらえる」ということが、ビジネスの基本だと考えるからです。

これについては、次章で詳しくお話ししましょう。

知恵袋
5

家庭は小さな会社と同じ。
家族ひとりひとりが
オーナー社長のつもりで生活しよう。

「勉強のできる子」より「得意分野がある子」

代々続く資産家たちは、決して子どもに「秀才」を目指させません。

一見、不思議に感じる方も多いかもしれません。学校のお勉強ができる子、いわゆる秀才のほうが良い学校に入れるし、将来、裕福になれそうです。

いままで日本の学校教育において〝お勉強のできる子〟というのはまんべんなく点数がとれる子だったといっていいでしょう。得意不得意は多少あれども、苦手な科目のマイナス点を底上げすることで、優秀な成績をおさめて良い学校に進み、良い就職先が決まったりする。

資産家の発想はそうではありません。

成績が良いにこしたことはありませんが、「そこそこ」でもかまわない。

彼らは**突出した得意分野があることに重きを置く**のです。

テスト問題の意味もわからないのでは困りますが、50点の科目があってもよい。得意なところは徹底的に伸ばして、その分野で150点、170点を目指せ、という教育をしている方が多かったように思います。学問だけに限りません。スポーツでも将棋でもブログラミングでも、徹底的に才能を伸ばすことに力を注いでいる人が多いです。

仕事は、ひとりではできないことを知っているからです。

自分が物理で150点、国語が50点ならば、国語が170点の人とチームを組めばよい、という発想です。全部自分ひとりでがんばって95点をとって物事を進めよう、ということは考えません。

自分ができないこと、不得意なこと、必要なことだけれど情熱を注げないことは、より能力の高い人にやってもらったほうがいい。**得意分野がある人たちを集めてスーパーチームを作り、最大の結果を得るほうが数段いい**と考える——これが、経営をする側の発想なのです。

一方、日本の従来の受験エリートは、ややもすると全部自分でやろうとがんばってしまう傾向があるようです。

自分の能力をもっと伸ばすために努力すること。それ自体は素晴らしいことです。ところが、学生の間はよくても、社会人になってから大きな問題となってしまうことがある、というのが私の実感でもあります。

ひとりでは達成困難な課題を与えられたとき、誰かに相談したり、周囲に助けを求めることができなかったり、人に頭を下げてお願いすることができないまま、自分でなんとか100点を目指そうとギリギリまで頑張ってしまい、結果、手遅れになったり、成果が小さくなってしまうこともあります。

コミュニケーションの力が成果を高める

銀行員時代、こんなことがありました。

上司から、ある企画のレポートを命じられた私は、締め切りの3日前に提出しました。どこも直すところなどない完成度だ、と自信を持って出したレポートを、上司はほめるどころか、なんだかんだとケチをつけてきます。

同じくレポートの提出を命じられた後輩は、取りかかってすぐに、ちょこちょこと上司に相談に行っていました。私は、そんなにすぐに相談するなんて仕事ができないと言って歩いてるようなもんだ、と後輩のことを冷ややかに眺めていましたが、けれど、上司はいやな顔もせず、そのたびに懇切丁寧に指導をしています。

結果、そのレポートの評価は後輩のほうに軍配が。当然、私としては面白くなかったわけですが、さらに、次のボーナス査定で後輩のほうが自分より評価が高かったと知ったときは、腹立たしさとともに本当にがっかりしました。あいつよりも評価が低いなんて、あの上司はまったく見る目がない！　と。

いまならわかります。**報告、連絡、相談――コミュニケーションの力**が後輩のほうが高かったのです。

トップセールスをたたき出し、自分は仕事ができる、と思っていた当時の私は、ふだんからあまり上司に相談をしたことがありませんでした。

「これでどうだ」とばかりの態度で提出したレポートは、引き算で評価されます。

事前にコミュニケーションをとることがなかったため、上司の意図と多少ずれていたこともあったかもしれません。「これが足りない」「あれができていない」とマイナス面がカウントされて、プラスの評価を得にくかったのでしょう。

「やってみました。この部分ですが、どのように進めればより良いものにできるか、アドバイスをくださいますか？」と、上司に相談を重ねていた後輩のほうはマイナスからのスタートですから、「足し算の評価」となります。

傲慢な部下とコミュニケーションが上手な謙虚な部下、上司にとってどちらが「かわいい部下」になるか、簡単に想像がつきますね。

もう四半世紀以上も前の話です。いまだったらクオリティの高い仕事を、時間をかけずに仕上げられる人のほうが評価は高いでしょう。けれど、ひとりの人間ができることには限界があります。**1＋1を、3にも10にもするために、素直に、謙虚に人の力を上手に借りられるコミュニケーションの力が求められるのは同じです。**

最強のチームに求められる人材に

いまは**フリーエージェント制**の時代に突入しています。

「フリーエージェント」とは、プロ野球の世界でよく使われる言葉ですが、要するに、どの球団とも契約ができる権利を持っている選手のことで、誰もが欲しがる能力の高い選手であればあるほど生かせる権利です。

働き方の意味でフリーエージェントと言うときは「組織に縛られない労働者」の意味と

なります。たとえば、あるプロジェクトのために、必要な高い能力を持った人材を社内外から集めて、最大の成果をあげる、というような進め方です。

これは起業家やフリーランスだけの話ではなく、会社員でも同じです。最新の知識と能力がなければ組織に所属していてもお呼びがかからない。仕事をすることすらままならない人に次の契約更新はありません。厳しい時代です。

求められる存在にならねばならないという点において、その厳しさはオーナーも雇われる側も同じです。

200点の能力の持ち主は、そこそこの存在とはチームを組んでくれないからです。

また、同程度の力量の存在だったりギャランティに大差がないならば、より自分を高めたり、新たな人脈を築くことができたり、キャリアがより充実する現場を選ぶでしょう。当然ですが傲慢でいつもいばっているような人が率いるチームより、いつも明るくて、元気があって、コミュニケーション能力の高いボスのほうがチームのストレスが少ないでしょう。

異種異業種の垣根を越えて、最高のチームを集められるだけのリーダーシップを持った魅力的な存在であること。そのような人間関係を持てる存在になることこそが大事です。さらに加えるならば、常に前向きな強さ、人のために動ける優しさ、正義感。さらに愛嬌《あいきょう》があると良いですね（笑）。

そういう意味では、オーナーであっても厳しい時代といえるでしょう。

だからこそ、お金持ちは、人間としての魅力を育てることが、学校秀才になるよりも大きな財産をもたらすということを知っているのです。

知恵袋 6

お勉強のできる秀才は目指さない。
得意なことをうんと伸ばせば
異種異業種の垣根を越えた
最強のチーム編成を実現できる。

人脈、情報、勉強への投資は惜しまない

資産家たちが大切にし、投資を惜しまない4つのことがあります。

人脈、情報、勉強、健康です。

これら**4つの徳**がもたらしてくれる恩恵が得難いものであることを知りつくしているからです。

「プロフェッショナル」の力を借りることで、ベストな結果を得る——。的確で信用度の高い情報を集めるためには**信頼できる人脈**が必要です。ネットワークや人間関係が良質だからこそ、**信頼できる情報**がもたらされるのです。

また、もたらされた**情報に判断をくだすためには、勉強が必要**です。

だから、資産家は、情報収集と上質な人脈作りへの投資を決しておろそかにはしませんし、勉強も欠かしません。信用できる情報か否か、判断しかねる場合には、新たな情報収集やリサーチのために時間も手間もお金も費やします。

暗号通貨（仮想通貨）が登場したとき、知り合いの資産家たちはすぐに「勉強」を始め

ていました。

「ビットコインは通貨なのか？」「ブロックチェーン技術とは？」「どの販売所が信用できるのか？」「仮想通貨の登場で経済はどう変わるのか」

「ここの理解がイマイチだから教えてもらえませんか？」「暗号通貨があたりまえの世界になるなら、自分の商売にはどんな準備が必要になるのかな？」と、専門家に疑問点を徹底的にレクチャーしてもらっていた人もいました。

「よくわからない商品には投資しない」が投資の鉄則。「わからないままにはしない」ために、**人脈を駆使して、徹底的に勉強**することが大切なのです。

まちがった欲と自信が失敗を招く

少し前に「かぼちゃの馬車事件」というものがありました。

簡単にいうと、女性向けのシェアハウス物件に投資をした多くのオーナーが、運営会社の破綻《はたん》によって大損害をこうむった、というもの。銀行の融資担当者が、オーナーたちの多額のローンを通すためにオーナーの財務状況を勝手に水増しした数字で決裁していたなど、普通には考えられない悪質な一面もありました。事件の構造そのものは今後、解明されていくと思いますが、私には投資家側が勉強不足なうえに**欲をかいた**末の典型的な事件にみえます。

つまり、不動産投資に必要な勉強や下調べが足りなかったのではないかということです。土地の評価額、近隣の賃貸物件相場、シェアハウス運営の実情や企業の評判などはもちろん、企業のホワイトペーパーなどを調べれば「投資額が高すぎる、むしろうまくない話ではないか」と気づけたはずなんです。

私が出会った資産家たちは口をそろえて言っていました。

「世の中、そんなにうまい話は転がってない」
「ただよりこわいものはない」

特殊詐欺、いわゆる「振り込め詐欺」などの被害件数が減るどころか年々増加の一途をたどっているのはご存じですね。今は家族を装ったいわゆる「オレオレ詐欺」よりも「還付金等詐欺」や「架空請求詐欺」などの被害額が増えているそうですが、こんなに警鐘を鳴らされているのに、どうして引っかかってしまうのだろう、と考えるとき、思い浮かぶのが〝欲をかく〟という言葉です。

「あなただけに特別な情報を」「特別なあなたに特別な金融商品を」……。

自分だけは大丈夫、あんな詐欺には引っかからないという妙な自信がやっかいなのです。どこかで自分を特別な存在だと思っているからこそ、向こうから寄ってくる、甘い言葉にひそむ危険性や、その危険を回避する判断能力がぶれてしまうのです。

ファイナンシャル・リテラシーを育てるには、ときに失敗も必要。失敗からでしか学べないこともあります。だからといって、いい年になってからの失敗は痛いもの。失敗は、若いうちにしておくこともまた大切な教えのひとつ。これについては第5章でお話ししましょう。

「健康」がお金を生む

健康であることは、もっとも大切なことといってよいでしょう。

単純な計算をします。年収５００万円で、20歳から70歳まで働いた人が得る報酬は2億5千万円。一方、年収1千万円でも、20歳から働いた人が40歳で体を壊してリタイアしたら、2億円。そのうえ、高額な医療費がかかりますから、せっかくの報酬も目減りしていくばかりです。

毎日働ける健康な身体であり続けること。

それがいかに大切か、お金持ちは知り抜いています。

健康維持のためパーソナルトレーナーについたり、会員制高級スポーツクラブに入っている人もたくさんいます（これは、むしろ人脈を買うというメリットのほうが多いそうですが）。投資の神様といわれるウォーレン・バフェットのように自宅にジムやプールを備えている人もいるでしょう。病気にならないように、病になる前のちょっとした不調、東洋医学でいう**未病のうちに体調を整える養生**を目的に鍼灸《しんきゅう》などで定期的なケアを欠かさない社長も多いと聞きます。

病気になってから医療費と貴重な時間をロスするより、病気にならないためのメンテナンスにお金と時間を投資する、という意識が高いのです。

一方で、富裕層がすべてメンテナンスに多額のお金をかけているかというと、実はそうでもありません。意外に思われるかもしれませんが、自治体のスポーツ施設を利用したり、毎朝のウォーキングや自宅でのストレッチなど、お金をかけない毎日の生活習慣で健康を維持されている人も多いです。

「自分の健康法は家事」とおっしゃる資産家のお話を聞いて、私も「家事」を健康法として取り入れています。やってみればすぐわかりますが、大きく腕を動かしての窓ふきやぞうきんがけなど、真剣にやればけっこうな運動量になりますし筋トレにもなります。

最高の健康法は規則正しい生活と笑うこと

ほかの健康法もまったくお金はかかっていません。

早寝早起き。

たっぷり睡眠をとって、よく動くこと。

食事のときは楽しく、そして腹八分目。

テレビの収録や講演会などがない一日のスケジュールはこんな感じです。

夜明け前の3時半〜4時半に起床。仏壇に手を合わせたあと、7時半の朝食までの間はデスクワーク。スッキリと頭がいちばん冴《さ》えているこの時間帯に、大家としての事務仕事や原稿仕事などを済ませてしまいます。朝食後はカフェに出勤。駅前の立地にこだわりましたから当然、通勤は電車です。

9時からご相談の方がいらっしゃいます。そのほかにも取材や打ち合わせなどほとんど休みなく動いているとあっという間に18時の閉店です。帰りはカフェから自宅まで30分かけて歩きます。

帰宅後、ゆっくりと入浴して、夕食。その日あったことや子どもたちの近況などを話しながら妻が作ってくれたものを一緒にゆっくり食べます。食べることが大好きなものですからここはぐっと注意して腹八分目をキープ。

寝る前にお仏壇に手を合わせ一日無事に過ごせたことをご先祖様に感謝したら、21時半にはベッドのなか……夢も見ずにぐっすり眠ります。

一日7時間くらいの長すぎず短すぎない適度な睡眠をとることが長寿の秘訣《ひけつ》、という研究もありますが、翌日に疲れを持ちこさず、毎日、しっかりと疲れた脳と体を休める、というのが本当に大事だと実感しています。

さきほど、家事健康法の話をしましたが、結局は、**よく働くことが健康につながる**とつくづく思います。

田園調布にある私のカフェは吹き抜けの2フロアになっています。お客様をお迎えするとき、お送りするときは必ず入口まで行きますから、階段を上り下りするだけでも相当な運動量になります。おかげでカフェを始めてから、メタボリックシンドロームに突入しそうだったお腹回りもスッキリ、スポーツクラブに通う時間はありませんが足腰の筋力もアップしたようです。

もうひとつ私の健康法をあげるなら、**おしゃべりと、たくさん笑うこと。**根っからの話し好き、ということもありますが、妻やお客様とも本当によく話しますし、いつも笑っています。

笑うことには、うつうつとした気分の元になるコルチゾールを減少させ、免疫力をアップさせる効果があるそうですが、本当にそのとおりだと実感しています。

たとえ病気を抱えていても、体に不自由な面があっても、そんなときこそ笑顔でいたいものだ、とつくづく思います。働き方が多様化しているいまは、在宅ワークでもできることが必ずあります。一家の大黒柱がふさぎ込んでばかりでは、家族も心配で将来を前向きに考えろというのも難しいですね。鏡の前で、口角をあげて笑い顔を作るだけでも〝幸福ホルモン〟と呼ばれるセロトニンが増えるそうですよ。

「4つの徳」は「3つの毒」を追い払う

「3つの毒」というのは、**仏教で苦しみと諸悪の根源とされる3つの煩悩《ぼんのう》**のことです。

欲しいものをがまんできない強欲さ、必要以上にむさぼり求める心「貪《とん》」。人に対する怒りや不満の心「瞋《しん》」。知ったかぶりや思い込みなどの無知の心「痴《ち》」。

仏教だけの考え方ではなく、あらゆる宗教で、同じような苦しみを生む「人の悪」があげられています。たとえばキリスト教では「七つの大罪」のなかに、「強欲」「怠惰」「虚飾」「傲慢」といった悪があるとされています。**誰もがおちいりやすい考え方の悪いクセ、思考の毒**のようなものです。

「貧乏はいやだ、お金持ちになりたい」と言いながら努力もせず口だけの人には、この思考の毒にとらわれてしまっている人が多いような気がします。

すぐに新しい車に買い替えたり、子どもを私立の学校に進学させるために無理したりなど、身の丈以上の虚飾や欲望をがまんすることができない人。給料が少ないとグチってばかりの人。会社や社会のせいにして不平不満を言うだけで動かない人。自分だけは大丈夫、と怪しい投資や勧誘にはまってしまう人。人のアドバイスを素直に聞かず、勉強もしない人。そのためにせっかくの教えを生かせず、お金をだまし取られてしまったり、といった人たちです。

愚痴や不満は何ひとつ生んでくれません。ここまでにして４つの徳を育てましょう。

人の恩恵、情報の恩恵、学びの恩恵、健康の恩恵。

４つの徳は、素直な心と感謝の気持ち、笑顔を育て「３つの毒」を振り払ってくれるはずです。

知恵袋
7

人脈、情報、学び、健康。
「4つの徳」は
強欲、不平、無知の
「3つの毒」を追い払う。

誰かの喜びを自分の生きる喜びに

「あくせく働かずに一生暮らせるだけのお金があったら、毎日遊んで過ごしたいなあ」と夢見たことはありませんか？

私も、会社を辞めたら、あれもしよう、これもしよう、と楽しみにしていました。けれど、実際に銀行を辞め、セミリタイア人生をスタートしてまもなく、それが自分にとっていかに「つまらない毎日か」に気づきました。

時間だけはたっぷりあったので、毎日のように美術館巡りをしたり、同じように暇をもてあまして図書館で一日過ごす「リタイア仲間」を観察したり……。

つまらない毎日、と書きましたが、会社員時代はしたくてもなかなかできなかった美術に触れたり、勉強したり、住んでいる町をすみずみまで歩いたり、降りたことのない駅で降りてみたりと、毎日充実していましたし、発見もありました。

けれどそのうちに、やっぱり働きたくなったんです。

日がな一日、空調の効いた快適な図書館で新聞や雑誌を読んでいる同類のおじさんたちの冴えない姿には、自分も同じように見られていることも忘れて、自分はこんなふうになりたくない、と強く思いました。

　人は働いてこそ生き生きしていられるのだと。


　実は、この時期の美術館巡りが次の人生のスタートのきっかけにもなりました。

たとえば、日本で初めての日本画専門美術館として知られる山種美術館。山種証券（現SMBC日興証券）の創業者、山崎種二氏が「美術を通じて社会貢献を」という理念からオープンした美術館ですが、蒐集《しゅうしゅう》していた作品を公開するだけでなく、若手日本画家育成のための賞も設けています。ブリヂストン美術館の創始者、石橋正二郎氏や、コレクションを蒐集するだけでなく「衆と楽しむ」をモットーとした根津美術館の根津嘉一郎氏など、多くの美術館の創始者たちの創設の理念やエピソードにふれることで、自分も新たな「場」を作りたい、と思い、カフェをオープンすることにしたのです。

　いま、カフェの一角に小さなギャラリーコーナーを設けているのは、そうそうたる美術館創始者たちへのあこがれからですが、才能があっても発表する場がなかなかない方たちの手頃な舞台として、オープン以来活用していただいています。

　結局、退職からカフェオープンまでの間のセミリタイア生活は、２年ほどで切り上げたことになりますが、心の底から「何か新しいことを始めたい」と思えるまでのこの期間は決して無駄ではありませんでした。

銀行員時代におつきあいのあった**幸せなお金持ちの人**はどんなふうに暮らしていたでしょうか。歌舞伎やお芝居三昧の人もいましたし、食べ歩き旅行を楽しんでいた人もいました。けれど、遊ぶだけで毎日を無為に過ごす人はほとんどいませんでした。町の相談役のような立場で地域貢献をしている人、ボランティア活動に熱心な人、若い人の事業を支援したことをきっかけにプログラミングを習い始めた人もいました。

自分が次に貢献できる働きは何か、を常に考えていたのです。

食べるのに困らないからといって、まったく働かずに生きていける人はいないのが、人間の実に面白いところです。

世界中の人たちがスポンサー

ノーブレスオブリージュという言葉をご存じの方も多いと思います。ひらたくいうと、**持てる者は貢献せよ**の精神です。

さまざまな歴史の背景や諸説がありますが、もともとはヨーロッパの貴族や王族など特権階級に伝わる考え方で、身分の高い者、財産や地位、権力を持てる者は、それに応じて社会で果たすべき責任と義務を負う、という意味です。

フェイスブックの創業者であるマーク・ザッカーバーグ氏が、娘の誕生を機に、時価総額5・5兆円ともいわれた保有の株式99パーセントを「教育機関の創設のために寄付」したことは記憶に新しいと思います。そのほかにも多くのミュージシャンや俳優などの有名人が難民救済や環境保護、教育や医療支援などに多額の寄付で貢献しています。私の大好きなビートルズのジョージ・ハリスンも、あるアルバムの収益をバングラデシュ支援のために寄付、さらに遺族がユニセフに彼の名を冠した基金を設立しています。

もちろん、寄付が「節税対策」の一環である事実は否定できませんが、自分のお金を誰かの役に立ててもらう、という点に注目してください。自分の納めた税金が結局なにに使われたかを詳細に追うことはできませんが、寄付や投資であれば、ピンポイントで援助したい先に届けられます。

「金は天下のまわりもの」という言葉があります。お金は一か所にとどまっているものではなく常に人から人へまわっているものである。ひいては、いま持たざる者のところにもめぐってくるから勤勉に働きなさい、というような意味ですが、**寄付や投資は自分のお金を、どこで働いてもらうか、自分で決められる**ということです。

ひと昔前、新しい事業を起こす際には、銀行に資金を借りたり、スポンサーや出資者を見つけるのがビジネスの普通のやり方でした。

近年、クラウドファンディングのように、アイデアや趣旨に賛同すれば、誰でも自分の思いや評価に合った額を寄付したり投資したりするのに簡便なシステムが次々に登場しています。

大きな資金がなくともアイデアと意欲があれば誰でも自分のヴィジョンを具現化していけるとともに、新しいビジネスやアーティスト、アイドルなどにピンポイントで、かつスピーディに支援ができるようになりました。

世界中の人たちから「いいね」が届く時代です。**一億総出資者時代どころか、全世界80億人みんなが応援団、スポンサーとなってくれる時代の到来は、ビジネスチャンスを大きく広げていくでしょう。**

かくいう私も、不動産投資や印税などで思いがけず与えられた大きなお金を前にして、自分や家族だけでなく誰かのために生かしていく何か良い方法はないだろうかと、新しいプロジェクトに乗り出したところです。これが成功したら、笑顔の人がたくさん増えるに違いないと、わくわくしながら動いているので楽しくてしかたがありません。良いことずくめです。

自分の働き＝稼いだお金を、誰かのために使うことができるという喜びこそが人を幸せにするのです。

自分の存在や働きが、誰かの役に立つこと。誰かの笑顔のもとになっていると思えること。自分が働いたことに対してもたらされる「感謝の気持ち」を得たことがある人は、その喜びのためにますます人のために動きたくなる。

これは、この世に生を受けた人間の根源的な欲望です。それこそが、幸せに生きていくための大切なことだということを知り、実践する人こそ真の大金持ちなのです。

知恵袋
8

お金を使うときは
「人の喜びのために」。
これができる人が
真の大金持ちになる。

第2章

「稼げる人」の知恵袋

働くと、なぜお金がもらえるのか？

「どうして働くとお金がもらえるのか？」と、お子さんに聞かれたら、どう答えますか？

私はこう答えます。

働いてお金を得るということは「人が困っていることを解決した」ことへの「感謝と感動の対価だ」と。

たとえば、アメリカの西部開拓時代のゴールドラッシュ。一攫千金《いっかくせんきん》を夢見て多くの人が馬で西部に駆けつけました。そのなかでもっとも大金を得たのは誰だったか？

金を発掘した人ではなく、金鉱掘りのための「服」を作ったリーバイ・ストラウスです。

西部を目指して馬を走らせていると、すぐにお尻の部分が破れてしまう。金鉱掘りの作業も過酷なものでした。彼らだけでなく港で働く港湾労働者たちからの「破れにくいズボンが欲しい」というちょっとした、しかし〝切実な困った〟のために、幌《ほろ》などの材料として使われていた丈夫なキャンバス地で作業用パンツを作った——。これが世界一のジーンズメーカー、リーバイスの始まり、というのは有名な話です。働きやすく、丈夫で長持ち、いままで困っていたことがジーンズによって、すべて解決したという、消費者の喜びや感謝、感動が対価となったのです。

このように、誰かが不便に感じていること、困っていることを解決することがお金を得ることにつながるのです。

ＡＩの登場でゆらぐ需要と供給のバランス

働きに対する対価、つまり「報酬の値段」はどうやって決まるのか？

困っている人が多く、しかも、その問題を解決できる人や商品が少ないほど対価は増える。困りごとの解決が困難であればあるほど、対価は増える。

ひとことでサラリーマンといっても業種や勤務先で月々の収入には差があります。この収入の差は、あなたの「誰かの役に立つ能力」がどれほど求められ、それにこたえられているか、という、需要と供給のバランスによって決まるのです。

お医者さん、特に高度な技術が必要となる外科医など、専門性の高い能力を獲得した人の報酬が恵まれてきたのもそのためです。

最近よく話題になるＡＩ革命は、この需要と供給のバランスに大きな影響を与えています。

ロボットでもできるような単純作業の現場では、すでに人間の仕事がなくなっていますし、人工知能（ＡＩ）の分野ではディープラーニング（深層学習）という技術の誕生により、いままで人間にしかできないだろうと思われていたような分野でも、コンピューターでの制御が可能になっています。ＡＩにとって代わられる分野はますます広がっていくでしょう。

２０１４年にオックスフォード大学の研究者が発表したデータでは２０２４年にコンピューターにとって代わられる職業に、７０２もの職種があげられていました。

単純労働だけでなく、特許専門弁護士や、私がかつて銀行で担当していた融資担当など、詳細な情報解析のスキルを身につけるまで時間がかかるといわれていた知的分野ですらコンピューターが担うことになる、というレポートに当時は驚いたものですが、現実に、６００人いた証券会社ゴールドマン・サックスのトレーダーもいまやたったの２人とか。大手家具販売会社など流通企業の倉庫では、出荷品管理にロボットが24時間稼働しています。自動運転可能な無人の自動車がタクシーやトラックの運転手の仕事を奪っていく時代はそう遠くありません。20年後には47パーセントの人が現在の仕事を失うという衝撃的な数字もあり、いまや世界は「働く場」の確保すら危ういという時代に突入しているのです。

その一方で、単純作業や危険な仕事、深夜労働などをロボットに任せることで、人間が「安全で」「楽しく」「やりがいのある」仕事に専念できるという大きなメリットと希望もあります。

そんな時代を生きる子どもたちに、「働いてお金を稼ぐ力」を身につけさせ、働く喜びとともに生きることができるには、どうすればよいでしょう?

ビジネスの基本は〝進取の気性〟

私の父がいつも言っていたことが**「進取《しんしゅ》の気性を持て」**ということでした。

父が小学校3年生のときの話です。

放課後の教室で、担任の先生が台に乗って壁に大きな紙を貼ろうとしていたので、父は思わずその台を押さえました。貼り終えた紙を見て、先生に、どういう意味なのかたずねたところ、「今、君がやったことだよ」と。

そこには「進取の気性」と書かれていたのだそうです。

進取の気性とは、新しいことに自ら進んで取り組めること。
人に言われずとも自律的に動ける人間であるということ。

父は、息子たちにはもちろん、盆暮れ正月、孫たちが集まるときにもいつもその話をしていました。家族にとってはそれこそ「耳にタコ」でしたが、父がくり返し伝えてくれたこの言葉は、菅井家の家訓といってもよいものでした。

その家訓には、自分の体験とともに、父の父、つまり私の祖父のサクセスストーリーが念頭にあったと思います。

祖父は山形の寒村の出身です。養蚕《ようさん》が国策として奨励されていく時代に、養蚕そのものではなく、必要な機械や道具を貸しだすというレンタル事業を始めて財をなした人でした。

ロボットにはない〝クリエイティビティ〟

進取の気性を持つ人のいちばんの武器は、想像力と親切心、そして行動力です。

不安定な台の上に立つ先生を見て思わずパッと支えたこと。それは「人が困っているところへ、手をさしのべる」ということでした。

「倒れたりするかもしれない」**リスクを想像**し、先生がより快適に動ける環境を整えるため、**もっともカンタンで効果的なアクション**をとったのです。

ほんの少し**未来を想像する力、すぐ自律的に動いた親切心と行動力が、不便やリスクを回避した**――そこには、単純なロボットにはできない**クリエイティビティ**があります。

祖父の事業も同じです。貧しい農家の多いこの地域では、蚕《かいこ》を飼って絹糸を生産したくても、高価な機械を購入する資金がない人がたくさんいるだろうと、ちょっとだけ未来を想像したことが祖父のビジネスの始まりです。

そこにビジネスの基本があります。すなわち、

１　人の困っていることや不便に感じていることを「発見」したこと。
２　問題や悩みを「自分の能力で解決」できたこと。
３　自分が動いたことによって「感謝」されるという喜びを得たこと。

どんな時代になっても、このビジネスの基本は変わりません。

働いて得るお金を「単なる労働の対価」としてだけ考えていると、「稼ぐ力」を伸ばすこ

とはなかなかできません。単純な労働の現場では、働く喜びややりがいは薄くなりがちです。また、自分だけにできる仕事である、という「誇り」や「喜び」も残念ながら抱きにくいものです。

子どもに「稼ぐ力」を身につけさせるには、まず、自分が動いたことが、誰かの喜びにつながる「働き」を考えさせ、見つけさせることから始めましょう。

それを支えるのは、想像力と創造力。

ＡＩの得意とする論理、統計、確率的思考からは決して導きだされない自由でオリジナルな発想力こそが未来を生きる子どもの生きる力の源となるのです。

知恵袋
9

〝進取の気性〟が「稼ぐ力」の基本。
新しいことに自ら進んでチャレンジする
自由な発想力と考える力があれば、
AIなんてこわくない。

誰もやっていないことを真っ先に

祖父の話やリーバイスのエピソードでもうひとつとても大切なことがあります。**大多数の人が気づいていないことを誰よりも早く発見し、同じことに気づいた人たちの誰よりも早く、ビジネスにするために動いた**、ということです。

みんなが金鉱を掘っているときに、誰よりも早く必要とされる新しい服を作る。みんなが蚕を育てているときに、誰よりも早く必要になる機械をレンタルする。

どの業界でも、二番手が登場するまでは独占市場です。世界的大企業に成長したリーバイスと比べるのはおこがましいですが、祖父が一代で大きな富を得ることができたのも、視点と発想を変え、大多数の人がこぞってやることをあえてしなかったからです。それを実現できたのは**発想力**だけでなく、**実行力**もともなっていたということ。

「先ず隗より始めよ」

父がよく言っていたことにもうひとつ「隗《かい》より始めよ」という言葉がありました。

「先《ま》ず隗より始めよ」――一大事業を成すには、まず身近なことから始めよ。そして、何事も言い出した者から動くべし、という戦国時代の中国の逸話をもとにした故事ですが、これもまたビジネスチャンスをどうつかむかを考えるときに大切な意識だとつくづく思います。

「資産」には、お金や不動産そのものではなくお金を生み出してくれる資産があります。何だかわかりますか？

それは、自分で働いて稼ぐ力――「ビジネス力」です。ビジネス力とは、知識、スキル、人脈、信用。そして、行動力。

優れた発想力があっても、頭のなかで考えているだけでは人の役には立ちません。アイデアを実現するだけの行動力を発揮できなければこの「資産」を得ることはできないのです。クラウドファンディングだって、二番煎《せん》じの企画であれば、資金の集まり方も鈍いはずです。

行動力を身につける、というと大げさな感じがしますが、要するに**一歩でも早く動く**ということです。どうしたら形になるか、と悩んだときは手近なところから、まず動いてみる。

誰かが思いつく前にアイデアを形にする。誰もまだ書いてないことを言葉にする。世の中には**真っ先に行動し、オリジナルである**ことで守られている「お金を生み出してくれる資産」もたくさんあります。新製品の特許や著作権などです。

一歩動けば見える景色は変わります。

見える景色が変われば新しいアイデアが湧いたり、誰かと出会ったり、状況が変わって次の一歩が見えてくるものです。

これはビジネスに限ったことではありません。困難にぶつかったときも同じです。人のせいにしたり社会のせいにすることなく、まず自分が動く。

評論家ではなくプレーヤーになれ！

「隗より始めよ」は「進取の気性」とともに私の大切な座右の銘となっています。

知恵袋
10

ビジネスマインドを支えるのは
〝隗より始めよ〟の精神。
まず自分が一歩動く力を大切にする。

元気な会社の「4つの評価基準」

かつて私の顧客だったある不動産関連会社のことをお話ししましょう。

とてもエネルギッシュな社長さんのもと、社員たちが実に生き生きと働いている雰囲気が、いつもとても気持ちがいい会社でした。

そこには、事業がうまくいっているから、とか、お給料がいいから、というような理由を超えた理由がありました。それは、この会社の「社員の働きをどう評価するかの基準」です。

1　新しいことに挑戦して、成功した者
2　新しいことに挑戦して、失敗した者
3　今までどおりのやり方で、成功した者
4　今までどおりのやり方で、失敗した者

単に成功した人が評価されるのではなく、たとえ失敗したとしても新しいことにチャレ

ンジした人のほうが評価される――。

評価がマイナスになるのは、チャレンジしなかったとき。

これならば、社員はどんどん、動きます。新しい工夫やアイデアをもとに、挑戦することに恐れがなくなります。

従来の仕事のやり方ではどうもうまくいかない、新しいやり方を試してみたいと思っても、失敗することを恐れたり、責任を取らされることに腰がひけてしまうのが人の常。

この評価基準が社員の意識を変革したのです。

社長にとって社員は子どものようなもの。この会社では「単なる成功者よりもエラいのは、どういう姿勢で働いた人か」という評価基準を徹底することで、〝子どもたち〟が失敗を恐れなくなり、常に大きく成長させることに成功していたのです。

これこそまさしく進取の気性をベースにしたビジネスの成功例だと思います。

常に勉強、常にアップデート

一代で叩《たた》き上げた、たいへんなアイデアマンでもあるこの会社の社長はもちろん資産家でしたが、同時にたいへんな勉強家でもありました。

「何が新しいのか」「この企画のどこがチャレンジングなのか」といったことは、常に最新の知識や情報を得ていないと、評価すらできません。

これは、子育てでも同じです。

子どもたちをたくましく生きていける人間に育てたい、と親なら誰しも思うでしょう。**一歩突き抜ける開拓者精神**を育てたいと思ったときに、まずいちばんに育てなければいけないのが、自分たちの〝進取の気性〟と〝意識改革〟でもあるとわかっていただけましたか？

知恵袋
11

いちばんエライのは、新しいことに挑戦して成功した者。
二番目にエライのは、新しいことに挑戦して失敗した者。
挑戦せずに失敗した者がもっとも残念なヒトである。

子どもを家族の「なんでも解決マン」に認定！

では、具体的にどうやってお子さんの進取の気性を育てていきましょう？

私が提案したいのは「家庭内ビジネス制」です。

誰かの悩みを「発見」し、自分の働きで「解決」すると、そこに「お金が発生する」。つまり、進取の気性をフルに発揮して、家庭内ビジネスの担い手とするのです。ビジネスの基本の考え方を身につけさせることを、毎日の生活に組み込んでしまいましょう。

まず、子どもを家族の「なんでも解決マン」に任命します。

「お母さんが忙しそうだ。庭の水やりをやってあげよう」
「車がずいぶん汚れている。明日みんなで出かけるから洗車してあげよう」
「兄ちゃんは試験前だから、代わりに本を借りてきてあげよう」
「おじいちゃん、何か手伝えることはある？」

こんなふうに**家族の「困っていること」を発見し、まず解決法を考える。それを行動に**

移したらおこづかいが発生するという仕組みです。

自分の力で、困っていた人が笑顔になり、しかも報酬がもらえる！　子どもたちは、どんどん想像力を働かせて家族の役に立てることを探していくでしょう。みんなの状況をよく見て、判断し、想像力を働かせて解決法を考えて、動くでしょう。これは、将来につながる**ビジネスセンスを育てる**と同時に、もっと大きな発見を子どもにもたらすはずです。

自分の「能力」で人の役に立つものは何か気づくこと。

「人に親切であること」と「人に優しくあること」が、どれだけ自分を豊かにするか、ということです。

注意したいのは、そもそものお手伝いに報酬は発生しない、ということです。

どのご家庭でも、子どもにお手伝いをさせていると思います。

幼いころの私の係は、玄関掃除。冬は玄関から門までの雪かきが加わりました。家族の一員として家の仕事をすることは当然のことで、そこに報酬は生じません。

でも、雨でぬれた家族の靴をそのままにしておくのではなく、新聞紙を詰めておいたり、門の外の道路まで雪をかいて安全に歩けるように小道を作ったり、大雪のあとの屋根の雪下ろしを自分から手伝ったり、仕事が忙しくて洗車ができていない父の車を洗ったりしたときには「お駄賃」がもらえました。

「自分の役割を超えた働き」に対しての「感謝」がお金に変わったのです。

「ありがとう」と、言われたうえにお金までもらえる。こんなにうれしいことはありません。幼い私は、家族が忙しくて手がまわらないことはないか、困っていることはないかを探しては、手伝うようになりました。

役割を超えた働きで、報酬アップ！

「言われてやったら50円。言われずにやったら100円」

ある4人兄弟のご家庭では、お風呂掃除についてこんなルールがあるそうです。

同じ作業でも自発的に動けば対価が変わる。なぜかわかりますか？

共働きでとても忙しいお母さんの「困った」を、お母さんの労力を損なわずに解決しているからです。

「労力を損なわずに」というところが大きなポイントです。

あれをしなさい、これをしてくれる？　あれはもうやったの？　と、いちいちお願いしたり注意するのだって多忙なお母さんにとっては大変なことです。

「いま、やろうと思ってたのに！」

という、お決まりの言い訳だって、言う方も言われる方もうんざりしますね。


朝食の前に新聞をとってくる。

食事のとき、テーブルにお箸を用意する。

洗濯物をたたんでしまう。

家庭内のお手伝いにはいろいろありますが、言われる前にやったことで、お駄賃の額が違ってくる――。

その本当の理由に気づいた子は、幼いころの私のように、どんどん自分で「仕事」を探していくでしょうし、どうせやるなら言われる前に、と思うでしょう。

誰だって、人の喜ぶ顔を見るのはうれしいからです。

自分が家族の「笑顔」の役に立っている、と思えること。

それが自分の喜びになった子が得られるいちばん大きなことが「受給者意識からの脱脚」

です。

大きくなったら「定額＋報酬のおこづかい制」

わが家では子どもが幼いころは、月々定額のお金を渡す「定額おこづかい制」はとっていませんでした。お金は働いて誰かを喜ばせた対価ですから、子どもだからといって定期的にお金がもらえると思ってもらっては困ると考えたからです。そんな考え方ではいつまでたっても「自立」なんてできません。

家庭における教育の究極の目標は「子どもを自立させること」。

自分だけではなく「家族」という自分のもっとも大切な人たちと幸せに生きていける人に育てること。

そのために、自分の力でお金を稼ぎ、管理をする力を身につけさせること。

親が子どもを自立させていくためにはどうすればよいか。

私が考えたのは、幼い子どもであっても「家庭の経営者」として、生きるために必要なお金のことと真剣に向き合ってほしい、ということでした。

働いてもいないのに、お金を手にできる――月々のおこづかい制というのは、考えてみれば不思議な制度だと思いませんか？

第1章で触れましたが、これは、たとえるなら正社員というだけでお給料をもらっているようなもの。しかも、旧態の高度成長期のサラリーマンのごとく、年次があがれば昇給していくシステムと同じです。

子どもにどうおこづかいを渡すかは、ご家庭それぞれのお考えがあるでしょうが、定額のおこづかい制には、お金に対する受け身の姿勢、もらって当然というような「受給者意識」を助長してしまうという大きな落とし穴が潜んでいるのです。

ちなみにわが家でも、部活が忙しく、バイトする時間もとれない高校生になってからは**「定額制＋報酬制」**に移行しました。本人たちはもちろん大喜びですが、幼いころに身についた「家庭内ビジネス制」のおかげで、何もしていないのにお金がもらえることに最初は少しむずむずしていたようです。そんな感覚を肌でわかるようになるのもまた大きな価値である、と思います。

人の笑顔を働くモチベーションの原点に

「進取の気性」という言葉を幼いころから耳にタコができるほど聞いていた私ですが、お恥ずかしいことに、このビジネスの基本中の基本を、本当の意味で身をもって実感できたのは、大学卒業後、銀行で働き始めてからのことです。

入行早々のころは、新人バンカーとして町に営業に繰り出す日々。けれど、飛び込んだ先で「定期預金をしてくれませんか」「証券を買いませんか」といっても、なかなか契約には結びつきません。

いま思えば契約が取れなくてあたりまえです。私のやっていたことは、「契約が取れないと困る」という**自分の困りごとをお客様に押しつけて解決してもらおうということにほかならず、まったく本末転倒だったのです。**

それに気づいてから私は、まず営業先の担当者、社長の話を徹底的に聞くことを始めました。

とことん相手の話を聞いていくと、必ず、「こんなことを不便に感じている」「本当はもっとこうしたいと思ってる」「隣町のあの店が気になっている」という希望や悩みが見えてきます。

たとえば、町の洋菓子屋さんが「ネット販売を始めたい」と考えているとします。銀行マンとして私は、そこに新たな借り入れが生じたらありがたい。けれど、借り入れを実現するために行内で調整するだけが自分の仕事ではない、と気づいたのです。

たとえ新しい借り入れが成立しても、拡大した事業が成功しなければ資金の回収は難しいのはもちろんです。私は、銀行員であると同時にそのお店の営業マンになったつもりで奔走しました。新事業成功のために自分の営業先や人脈で、洋菓子屋さんの新しい事業に力になってもらえそうな人を紹介したり、新事業に関連のある資料を用意したりもしました。

ご紹介した先でも新しい事業が始まるわけですから、そこに新たな借り入れが生じたり、新しい取引先を紹介されたりする可能性も広がります。

双方どころか、三方すべてがウィン・ウィンという関係のスタートです。

営業は、自分の知識と技能や人脈を生かして、相手の「困った」や「願い」をかなえる手助けをすることから始めること。

取り組むときには、真剣、親切、誠実に。

人のためにまず動けば、必ず自分にもよい結果がもたらされる。

そんな実感を得た私は、ぐんぐん成績を伸ばすことができました。

営業成績が伸びることはもちろんですが、私がなによりうれしかったのは、取引先のみなさんが笑顔になったこと。

自分の働きが、誰かの笑顔に変わる。たとえほんの少しでも誰かの人生に貢献できたと実感できることほど、うれしいことはありません。

考えてみれば幼いころの私は家族の「なんでも解決マン」だったわけですから、ずっと同じことをしてきただけ、ともいえます。

いまも毎日、同じことをしています。

誰かの喜ぶ顔が、自分の働く喜びになる。そんな経験をたくさんしながら育った子どもは、大人になってからも**働く意味や自分の生きる意味を見失うことはない**のではないかと、自分を振り返っても、また今、社会人となったふたりの息子を見るにつけても実感しています。

知恵袋
12

子どもを「なんでも解決マン」に認定！
おこづかい制度を見直して
「家庭内ビジネス制」を導入する！

過保護は「自立」の最大のさまたげ

お金は本来、手に入れるときも、使うときも、人を幸せにするもの。

これがファイナンシャル・リテラシーの核といえますが、それを支えるのが「自立した人間」であることです。

子育ては「子どもの自立」までの長い助走期間。その間には、親が心を鬼にして厳しく対応せねばならない局面もたくさんあります。

こういっては、突き上げをくらうかもしれませんが、最近の親ごさんは過保護すぎるのではないか、と感じることがあります。

親の責任が「子どもを自立させること」であるからには、その力を身につけさせるためには、甘やかすばかりではなく、ときには厳しくしなければいけないことは言うまでもありません。

また、転んだことのない人に、転んだときの痛みを知れというのも難しい話。

失敗や痛みも必ずいつか自分の人生を豊かにする経験となります。転ぶ前にいつも手を貸し、転ばないようにすることが親の役割ではないのです。

「先に宿題をやりなさい」は最悪のNGワード

「宿題は終わった？」

「お手伝いはいいから、先に勉強やりなさい」

ついつい親が言ってしまいがちなセリフです。

ですが、実はこれが、子どもの**お客様意識が抜けない最悪のNGワード**ではないかと思います。


子どもも家庭の経営者の一員なのですから、自分の義務を果たすのは当然。自分の責任で、自分の「仕事」をまわしていかなければなりません。


学生の間は、当然のことながら、学業が大きな「仕事」です。

親はついつい、勉強していれば安心、ということになりがちです。けれど、子どもが自分のために勉強するのはあたりまえ。勉強さえしておけば、家庭の一員としての働きが免除される、というのはいけません。

「親の期待どおりに勉強してあげている」「学校に行ってあげている」なんて、意識がずれていってしまうケースもあります。

また、良い学校に進めば、あるいは大会社に就職できれば、何か良いことが待っているんじゃないかという「受け身の発想」でものを考えてしまいがちです。

高校生になっても朝、なかなか起きてこない子どもたちを躍起になって起こそうとしていませんか？

「自分の力で起きてこないなら寝かせとけばいい」のです。

寝坊して遅刻する。宿題をせずに登校する。恥をかくのも損をするのも本人です。ただ、学費を親が負担しているのですから本人だけの問題ではありません。

私がことあるごとに息子たちに伝えていたことがあります。

「わが家は義務教育まででいいという方針。おまえが勉強をしたいというから高校進学のサポートをしているのであって、こちらの希望ではない。そんな態度であるならばすぐにでもやめて働きなさい。**親に出してもらっている学費の対価を受け損なっている状態が続くようならやめてもらう**」

親が一生子どもの面倒をみられますか？　小学校、中学校、高校、大学と並走できても、その走り方によっては、子どもの自立を多いに妨げる芽を育ててやしないか、ということを親も肝に銘じなければ。

転ぶ前に、親が穴を埋めてあげるがごとく純粋培養で育てておいて、いざ独立が視野に入ってきたとたん、ぱっと手を離される子どもの身になってみましょう。

親がしなければならないことは、子どもが落ちそうな穴をふさぐことではなく、穴に落ちてしまった子どもが這《は》い上がってくるときに**彼らの力を信じて待つこと**です。

子どもにとって失敗や挫折は大きく成長するためのチャンス。

親が手助けするのは最後の最後、本当に必要なタイミングまでがまんしましょう。その間、格闘する子どもへは「見守ってるよ」の安心のサインとともに、じゃんじゃん応援しましょう。

「ほめて伸ばす」とよく言われるように、人は信頼している人が自分の力を信じてくれ、こそというタイミングで「がんばれよ、おまえならばできる」とメッセージをもらったりすると、思った以上の力を発揮できるものです。

親の「シキコブ力《りょく》」で子どもを伸ばす

高校のころ、こんなことがありました。

所属していたバスケ部の監督が3年生を集め、それぞれに下級生指導の担当を割り振りました。みんながパスとかドリブルとか言われているなか、私が任命されたのは「シキコブ係」。

「志気鼓舞」つまり、盛り上げ上手のワザを後輩に教えろ、というものでした。

私はドリブルもパスもヘタな準レギュラーの選手でしたが、ジャンプシュートだけは得意だったので「シュート担当かな」なんて思っていたので、がっかりです。

でも、ひとりだけくさくさしているのもカッコ悪いし面白くありません。気持ちを切り替え、どうせなら役に立ちたい、期待に応えたい、と思いました。

まず、自分のどこが「志気鼓舞係」として評価されたのか考えました。

単に声がでかいだけでなく、どこかに下級生にも伝えてほしいと思われたポイントがあるはず、と考えついたのは、私が、メンバーひとりひとりの性格やプレースタイルに合ったアドバイスや声かけをしてきたからだ、ということ。**志気鼓舞係にいちばん必要なのは**

チームメイトの長所や弱点、性格をとことん知って、最適な声かけに生かすための「情報分析」のスキルだったんです。

もちろん、試合では全身全霊でチームのために声を出しました。タイミングよく、試合の流れを読みながら、相手チームの動きを見逃さずに、チャンスの場面や切り替えの場面で大声を出し続けました。

チームはインターハイに出場できました。ピンチの場面でもへこたれなかったチームメイトの活躍に、コートに立つことはなくとも「自分も貢献した」と思えたことを誇りに思いました。

いま思えば、先生には私の長所をひとつ教えていただいたのですが、子育ても同じだな、と思います。

目につく弱点が、大きく伸びることがある

あるご家庭のふたりの息子さんは、性格も得意なことも正反対。

長男さんはまじめな努力家タイプ。小さいころから勉強も好きだったようで、言われな

くとも宿題はするし、コツコツ貯めたおこづかいの管理もバッチリで、計画的に自分の欲しいものを手にいれて遊べるしっかり者。

次男さんは野球に夢中。成績が下がると部活もやめなければいけないというキビシイ部だったために、勉強は授業中と試験前に集中して最低限やるというスタンス。アイデア豊富な性格で、家庭内ビジネスで大きく稼ぐこともできるけれども大きく使うし、管理も苦手でいつも金欠。おこづかい帳だって続いたためしがありません。

大人になってもライフスタイルは対照的。長男さんはお堅めの大手企業に就職し、結婚もして子どもにも恵まれ、コツコツ貯めた頭金で、マイホームも購入済。

次男さんは、スポーツ重視で入った高校から大学に進学。そのころから自分はサラリーマンには向いてない、いつか起業を、と考えていたそうで、卒業後は「新しいビジネスのシステムを勉強できるかどうか」を基準にして企業をわたり歩きながら、いまは起業に向けて、財務の勉強を本格的に始めているとか。

「おやじがおこづかい帳でなにを学ばせようとしていたか、いまになってわかったよ」と言われたと、お父さんは苦笑いしていました。「自分に必要となれば、あっという間に身につけるんですね」と。

兄弟といっても個性はそれぞれ。もって生まれた性格は、そうそう変わりません。けれど、目につく個性は大きく伸び大きくバケることも多いのです。

子どものころは短所や弱点と思えたことが、プラスに転じることもたくさんありますから、型にはめようとせず、子どもそれぞれの性格に合った見守り方、応援の仕方を親もまた試行錯誤していくしかありません。

だまって見守ることや、相手がなかなか変わらないのに言い続けることは、ときに苦しいものですが、ここが親のふんばりどころでもあります。

時機を見て、タイミングを逃さず。しかも相手や周囲の人がいやな気分になるような声がけでなく、元気が出るように、ときにはユーモアをまじえて声をかけ続ける――まさに「志気鼓舞係」です。

子どもの力を信じること。たとえ挫折があったとしても応援し続けること。そうすれば何度失敗しても、親の応援と信頼に子どもが自分の力で立ち上がってくることはまちがいありません。

知恵袋
13

挫折も弱点も伸びしろに変わる。
親の「シキコブカ」で子どもをサポート！

自立への助走期間を「逆算」させる

もうひとつご提案したいのは、**「自立までの時間は、たっぷりとること」**。そのために**「人生を逆算して考えさせること」**です。

私が「これからは独立への助走期間と考えなさい」と、「わが家の独立に関する6か条」を息子たちに伝えたのは中学校にあがったときです。

・親が無条件で教育の援助をするのは、義務教育まで。
・真剣に考えたうえで高校、大学に進学したいなら、サポートをしてもよい。
・勉強に真剣さを欠いたり、甘えが過ぎたり、学費がもったいないと親が判断するような事態になったらいつでもやめてもらう。
・就職したら、実家から出ていってもらう。
・実家に住み続ける場合は、家賃と生活費を家計に入れてもらう。
・早く孫の顔を見せなさい。

最後のひとつは、生産性がどうこうではなく、親の正直な本音です。また、これぱっかりは天からの授かりものですから、実際に私が孫に恵まれるかどうかは別としてごかんべんください。

さて。この6か条は、子ども自身に自分のライフプランを考え、人生を逆算して考える力を幼いころから身につけて欲しかったからです。たとえば、こんな感じです。


↓子どもを授かるには、ステキな人とのパートナーシップが必要だ。

↓家族が安心して暮らせるくらいの経済力がなければ、ステキなヒトとは結婚できないかも……!?

↓経済力を得るためには、なにかしらの「能力」や「技能」を身につけなければいけない。

↓どんな仕事が自分には向いているだろう?

↓そのためには、どんな勉強をするのがいいんだろう?

↓いやいや、まずは、プロ野球選手になるという夢を実現したい。

↓大学野球もやりたいから、野球に強い大学附属高校を目指したい。

↓そのためには、中学1年生のいま、自分は何をしなければいけないのか?

ライフプラン作りは、自分の人生を遠方まで見渡した上で、逆算しながら考えなければ作れません。さらに、人生の大きな目標とテーマが見えていないと、なかなか具体的に考えて作成することは難しいものです。

そこでお勧めしたいのが、「マンダラチャート（目標達成シート）」と「人生設計シート」です。

大リーグでも二刀流で大活躍の大谷翔平選手が高校時代に作っていたシートが話題になりましたのでご存じの方も多いかもしれません。

「マンダラチャート」と「人生設計シート」

「マンダラチャート（目標達成シート）」は、目標のために必要なアクションを具体的に記入していくもの。

大谷選手の作成した図（１１０ページ）を見ながら説明しましょう。

●マンダラチャートの作り方

マンダラチャートは、全部で81個のマス目でできています。3×3＝9個のマス目を1ブロックとし、9つのブロックに分けます。

1　中央のブロックの中心のマスに最大の目標を記入します。
（大谷選手のマンダラチャートの中央のマスには「ドラ1　8球団」。つまり、ドラフトで8球団から1位指名を受ける、という目標が記入されています）

2　この最大の目標を達成するために必要な要素やアクションを、周囲の8つのマスに記入します。
（「ドラ1　8球団」の実現には、「体づくり」「コントロール」「キレ」「メンタル」「スピード160km／h（時速160kmの剛速球の意）」「人間性」「運」「変化球」が必要と大谷選手は記入）

3　この8つの要素を、外側の8つのブロックの中心のマスに置き、さらにその実現に必要な要素やアクションを記入します。

（「運」を強くするために大谷選手が考えたのが、「あいさつ」「ゴミ拾い」「部屋そうじ」「道具を大切に使う」「審判さんへの態度」「プラス思考」「応援される人間になる」「本を読む」）

●人生設計シートの作り方

1年1コマのマス目に自分の年齢を書き、その年に達成したい目標や出来事を記入していく。

大谷選手が高校3年生のときに作った人生設計シートには、

25歳＝世界最速175km／h
29歳＝ノーヒットノーラン2度目の達成
31歳＝女の子誕生

など、野球に関することからプライベート面の希望も書かれています。

余白には「俺の人生を野球に！」「俺がこの道の開拓者になる！」「人生が夢をつくるんじゃない！　夢が人生をつくるんだ！」と数々の力強い宣言が書き込まれているのにも感動しました。

花巻東高校野球部の佐々木洋監督が選手たちに毎年作らせていたものということですが、マンダラチャートに具体的な目標や要素、必要な行動でマス目をすべて埋めていく、というのは、かなりたいへんな作業です。人生設計シートも、全部のマスを埋めるためには、「自分の未来」のことをとことん真剣に考えなければいけません。

ぜひお子さんと一緒に親も作ってみましょう。

子どもの独立までに、たっぷり時間をとってあげたいと思っていても意外と時間がないことに気づいたりもするでしょう。子どもの夢のサポートに自分たちがしてあげられることが具体的に見えてくることもあるでしょう。子ども独立後の自分たちの人生をどう豊かにしていくかなど、家族がそれぞれの大きな夢に向かって向き合うことになります。

そして、この「マンダラチャート」と「人生設計シート」が、「ライフプラン作り」の重要な要素にもなります。

知恵袋
14

中学生になったら自立までのカウントダウン開始。「マンダラチャート」と「人生設計シート」が大きな助けになる。

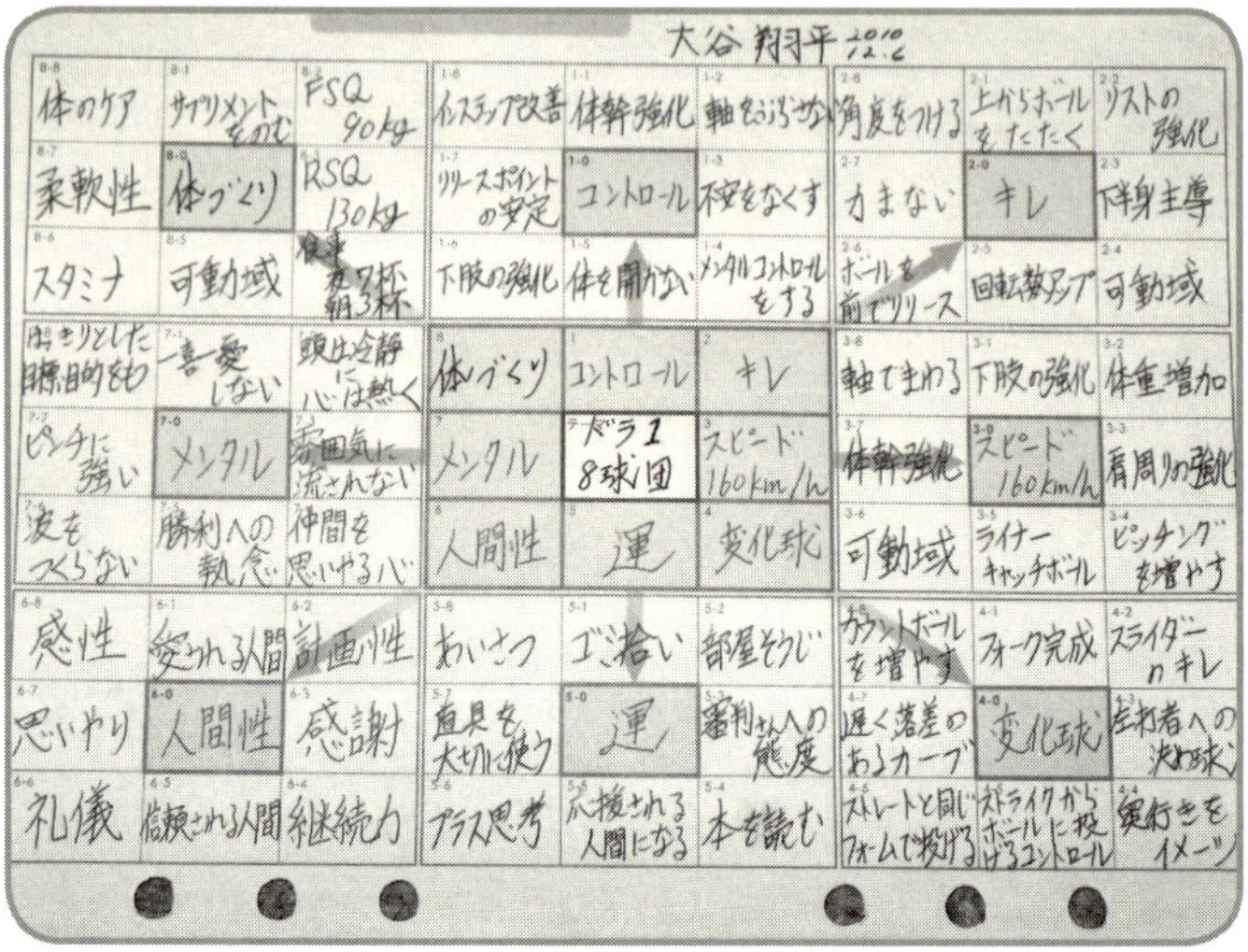
大谷翔平 2010 12.6
体のケア
サプリメントをのむ
FSQ 90kg
柔軟性
体づくり
RSQ 130kg
スタミナ
可動域
食事 夜7杯 朝3杯
インステップ改善
体幹強化
軸をぶらさない
リリースポイントの安定
コントロール
不安をなくす
下肢の強化
体を開かない
メンタルコントロールをする
角度をつける
上からボールをたたく
リストの強化
力まない
キレ
下半身主導
ボールを前でリリース
回転数アップ
可動域
はっきりとした目標、目的をもつ
一喜一憂しない
頭は冷静に心は熱く
ピンチに強い
メンタル
雰囲気に流されない
波をつくらない
勝利への執念
仲間を思いやる心
体づくり
コントロール
キレ
メンタル
ドラ1 8球団
スピード 160km/h
人間性
運
変化球
軸でまわる
下肢の強化
体重増加
体幹強化
スピード 160km/h
肩周りの強化
可動域
ライナーキャッチボール
ピッチングを増やす
感性
愛される人間
計画性
思いやり
人間性
感謝
礼儀
信頼される人間
継続力
あいさつ
ゴミ拾い
部屋そうじ
道具を大切に使う
運
審判さんへの態度
プラス思考
応援される人間になる
本を読む
カウントボールを増やす
フォーク完成
スライダーのキレ
遅く落差のあるカーブ
変化球
左打者への決め球
ストレートと同じフォームで投げる
ストライクからボールに投げるコントロール
奥行きをイメージ

大谷翔平選手が高校１年生のときに作成したマンダラチャート

第3章

「貯められる人」の知恵袋

ライフプランで未来の支出を「見える化」

「お金を稼ぐ力」とともに自立に必要なのが**お金を管理する力**。「お金を管理する力」には、それを支えるふたつの力が必要です。

未来のことを、考えることのできる力。
未来のために、がまんする力。

このふたつの大きな力を育てるために、**家族全員のライフプラン**を作りましょう。ライフプランとは文字通り、人生の計画。**家族全員の未来の年表と支出予想をまとめたもの**と考えてください。

以前、テレビ番組の収録でご一緒した芸人の方がこうぼやいていました。
「僕みたいな自営業者は、収入の予想がつかないから将来の計画が立てにくい」
おっしゃるとおり、収入の予測がつきにくい職業の場合、将来の計画も立てにくい、と思われるかもしれません。でも、よく考えてみてください。

収入がわからなくても、支出の予測はつくのです。

子どもが進学する時期や、自分の定年の時期はわかります。そして、そのとき必要になるお金もだいたい予想がつきますね。

これをきちんと「見える化」しておくことがライフプラン作成のいちばんの目的。

子どもが大学卒業のときに自分は何歳、定年時にパートナーは何歳、住宅ローンは払い終えているが、リフォームにお金がかかりそうだ、というように、具体的なライフイベント、人生の節目にあわせて、おおまかな数字を予想し「見える」ようにしておくのです。

大切なのは、**できるかぎり具体的な数字で考える**ということ。

「大学入学のころにはたくさんお金がかかりそうだから貯めておかなければ」とか「定年後に必要なお金は3000万円という記事を読んだけれど、とてもムリそうだなあ」と、ばくぜんと考えているだけではお金は貯まりません。

資産を増やすためには、収入からまず貯蓄、残りで暮らすことが鉄則とお伝えしました。見えてきた支出に備えて、貯蓄を年割りで貯めていけるようにしなければ。

たとえば、お父さんとお母さんが30歳のときにお子さんが生まれたとしましょう。

子どもが小学校に上がるとき、中学に入学するとき、高校に入るとき、大学を卒業して、独立するときには……と、家族全員の年齢とその状況を書き込んでいきます。

すると、かかってくるお金、準備しておかなければいけない金額が見えてきます。

高校進学時に、その受験料と入学金や準備金などで100万円かかるとするならば、中学3年の秋まで、つまり15年で100万円を貯蓄する。単純な計算です。


100万円÷15年÷12か月≒5500円

子どもが生まれたばかりなら月々、約5500円。いま10歳ならば5年で100万、月々に約1万6千円を貯めれば良い、となります。

「見える化」したら、あとはどう準備するかを考えて、実行していけばいいだけ。

子育てをするうえでは、入学と卒業のタイミングに大きなお金が必要となりますから、同じように、並行して大学進学時にかかるお金、中学受験を視野に入れるならば、そのお金を、と月々の予算、年間の予算に足していけば良いのです。

子どもひとりの教育資金に、どれくらい必要か。複数の機関がデータを公開していますが、一般的に、幼稚園から大学まですべて公立の場合でも、約７９０万円。中学からすべて私立の場合は、１５８５万円といわれています（※独立行政法人住宅金融支援機構「２０１４年度　フラット35利用者調査」より）。

人生のステップに、どれくらいの予算を考えておけばよいかも、ざっくりでかまわないのでライフプランの作成時に調べてみましょう。

「夢の予算」で楽しく増やす

ライフプランには「夢の予算」も記入してください。

必要な支出だけでなく「家族の楽しみ」「人生を豊かにするための計画」のためのことを視野に入れ想像して記入していくというのが、ライフプラン作りの大きなポイントになります。

教育費など「必要なお金」だけでなく、家族の夢や楽しみのための資金も人生には必要です。

「教育費のためにいくら貯めなければ」「介護の費用を貯めておかねば」、と「～せねば」で、人生がぎちぎちになっては楽しくありません。

夢や楽しみのためのお金は、増えるんです。

何年かに一度は海外旅行もしたい、成人式には振袖を着せてあげたい、子どもには短期でも留学させたい、子育てがひと段落したら大学院で勉強し直したい……。前章で作った「マンダラチャート」や「人生設計シート」の目標や夢に向かってストックしておきたいお金を想像して記入するのです。

ご健在ならば、祖父祖母のライフイベントもあわせて記入することをお勧めします。ファミリー全員のライフイベントを書き出してみると気づくことがたくさんあるはずです。子どもたちの受験が重なる年がある、とか、大きな家族旅行のタイミングなどです。

子どもに初めての海外を体験させるなら、おばあちゃんの還暦祝いと合同にして、5歳の夏にすれば喜んでもらえるな（ぜひ資金援助もしてもらおう）。中学3年の夏は旅行どころではないだろうから翌年に繰り越して少し良い宿に泊まろう。子どもの大学受験が終わったら、今度はママが大学院入学を目指したい、などなど。それぞれのライフイベントと予想できる支出がクリアになることで、より具体的なヴィジョンやイメージをもって計画でき、大きなモチベーションになっていきます。

お金がないということは、選択肢がないこと。

前章でみんなが作った「人生設計シート」にはどんな目標が書かれていましたか？　子どもの夢が「医者になる」「バレエで留学したい」ならば、ばくだいな教育費や留学費用をどう家計から捻出《ねんしゅつ》していけばよいか家族会議が必要でしょうし、「野球選手になってワールドベースボールに出る」ならば、甲子園に強い遠くの学校に行くと言い出すかもしれません。そんなときの**「人生の選択肢」を増やしてくれるのがお金です。**

大きくのしかかってくる教育費だって「これだけ貯めればどんな学校にも行かせてあげられる。楽しみだな」と考えられるかどうかで、モチベーションは大きく変わります。「人生設計シート」で見えてきた「未来のプラン」。それを「支えるお金」を「見える化」してくれるライフプランでその選択肢を大きく広げましょう。**巻末の「ベーシックコラム２」にライフプランのサンプル**をつけました。参考にしてください。

知恵袋
15

家族全員でライフプランを作成し、「未来の支出」を「見える化」しよう。

ライフプランは「家族の事業計画書」

ライフプランの作成は、「家族の10年後、20年後」を「見える化」すること。

つまり「家族の事業計画書」です。

将来こうありたいという展望のために、いま、何が必要か？　始めておいたほうがいいものはあるか、準備が必要なものはあるか？

家族それぞれが、どのような未来を描いているかなど、ふだんの食卓では意外と話題にならない具体的な夢と予算がライフプランを作ることで明確になり、オープンに話し合える機会になります。

家族経営の大きな土台になるものですから、**ライフプランの作成は家族全員で**やりましょう。

幼稚園にあがるくらいの年になれば子どもは大喜びでやりますよ。幼い子どもだって大人だって、未来のことを計画するのは楽しいものです。

春夏の長いお休みやお正月など、全員がのんびりしているときがチャンスです。

いきなりパソコンで表を作成するのも悪くありませんが、大きな紙（包装紙やカレンダーの裏紙などで十分です）を前に家族でわいわいしながら作るのはけっこうもりあがるものです。

ライフプランは大きく2種類、が理想的。

「大きくなったら何になりたい？」という10年～20年のスパンのもの。

「次の誕生日には何が欲しい？」という1年スパンのより具体的なもの。

小学校高学年ともなれば、中学、高校、その先を視野に入れた自分の将来をかなり具体的に描いていくことができるようになります。

他人事《ひとごと》のようだった「将来、自分はどんな仕事をしているのか」や「親から自立してひとりの大人として生きていくこと」が、ライフプランを表にすることでぐんとリアルに感じられるでしょう。自分が成長するのにかかるかもしれないお金、これまでかかってきたお金にびっくりすることもあるかもしれません。

親のほうも、将来にかかるお金についてくらくらするかもしれません。また、子離れの時期がそう遠くないことを実感して新たな覚悟が生まれるだろうと思います。

前章で、子どもの自立までには時間をかけてあげる、とお伝えしました。私自身の子育てでは、だいたい10歳くらいから高校卒業までと、20歳で成人するまで、大学卒業して就職するまでを自立のための３つの区切りと考えていました。

息子たちは大学まで進学しましたが、義務教育修了後すぐに就職すれば納税の義務も生じます。

まもなく成人が満18歳の時代がきます。ライフプランにはそんなことも記入しましょう。いま小学校５年生の子どもが成人するまで、10年を切っているのです。親に残された時間もそうそう長くはありません。社会の一員として自覚を持って生きていけるように子どもを自立させること。自分自身で「自分株式会社」を経営していけるようになること。その力を身につけさせるために次のステップに進みましょう。

家族みんなで「経営会議」

くり返しますが、家庭はひとつの企業体。経営には全員参加が基本です。

日本では、子どもの前であまりオープンにお金の話をしない、というご家庭も多いようですが、それは実にもったいないことです。

家族全員でどんどんお金の話をしましょう。

そうはいっても、ふだんからあまりお金の話をしていない家庭や、直近の支出のことは話しても長期的なプランのことはあまり話したことがない、あるいはその逆、という家庭は多いのではないかと思います。

これも簡単な解決方法があります。

定期的に「家族の経営会議」を開くのです。

家族みんなでお金の話をする機会を増やしていけばいいのです。

1か月分の家計を「現金で見せる」

第1回の「家族の経営会議」を開くときに、必要な準備がふたつあります。

1　家計の実態を把握すること。
2　1か月分の収入を現金で用意すること。

クレジット&キャッシュレス社会のいま、実感として見えにくくなっているのが「家計」です。月々の家賃や住宅ローン、車のローン、光熱費、食費、保険料や教育費の積み立て、携帯などの通信料……ぱっと答えられない方が意外と多いのではないでしょうか。

さらに子どもたちにかかるお金もできるかぎり具体的に見せられるように準備します。学費や給食費、お稽古事や塾の月謝はこれくらい……といったことです。家庭の経営に、どれくらいお金がかかっているのかをしっかり把握するのです。

これは、家計見直しの大チャンス。家計の実態を把握できていなければ、会議は開けません。

必要な準備のふたつめ、**最初の経営会議のために「1か月分の収入を現金で用意する」ことはキャッシュレス時代のいまこそ、必要なプロセスです。**

サラリーマン家庭でも自営業でも、家庭内でたくさんの現金を扱うことは少なくなっています。キャッシュレスで生活ができる現代だからこそ、自分たちの生活にこれだけのお金がかかっているということを自覚するには、現金で見せるのがいちばんです。

子どもたちだけでなく、親たちのお金に対する意識も一変させるに違いありません。

現金に余裕のないご家庭は、家計に余裕のあるボーナス月や決算月に最初の会議を開くのもひとつの手です。ですが、よく言われるように、いざというときのために、普通預金には生活費の半年分ほどストックしておきたいもの。1か月分の生活費を現金で用意できないというのは大問題！　これを機会に、家計の見直しも行ってしまいましょう。

1か月分の収入を現金で用意したら、これは家賃、食費、通信費、保険、貯金、光熱費、これは学費、給食費、塾の月謝……と、子どもの目の前で分けていきます。

家計の担い手が1か月に得る収入、そのなかから生活費にどれくらいかかっているか。月々の貯蓄額や赤字額。また、自分にかかっている教育費や将来への投資がどれくらいのものなのか、ということが、これ以上ないくらい実感として迫ってくるはずです。

第5章でふれますが、子どもたち世代はキャッシュレスどころか、暗号通貨（仮想通貨）という新しい経済システムのなかで生きていくことになるでしょう。そんな時代だからこそ、数字としてのお金を〝お金〟として考えることのできる力が大切になってくるのです。

知恵袋
16

家族の経営会議は、全員参加。
キャッシュレスの時代だからこそ
初回は、家計1か月分を現金で用意しよう!

親はキャッシュディスペンサーじゃない

「現ナマ経営会議」のメリットは、家計のリアリティをアップさせることで**当事者意識を改革すること**です。家族ひとりひとりが、家庭という会社を経営する経営者だと考えられるようになるということ。

家計の現実を見せなければ、子どもは、新しいゲームだ、服だ、とずっと要求し続けます。**親をキャッシュディスペンサーかのように見てしまう、その原因は親にあります。子どもには、親の財布からお金がいくらでも出てくるものだと思わせてはいけないのです。**

わが家の収入はこれくらい。支出にこれだけかかっているんだから、おこづかいの額には文句言えないな。大学に行きたいから、ムダ使いはできないな。もっと貯金を増やしていかないと……など。子どもたちも、リアルな感覚をもって**家計の数字**から将来の大きなヴィジョンを見られるようになってきます。

月々の赤字をどう解決するか。

現金で１か月の生活費を用意できないくらい貯金が乏しいならば、どうすればいいか。すべてを家族全員で共有して、解決策を全員で考えましょう。

課題を発見、共有する「アメーバ経営」

すべてを全員で共有して、解決策を全員で考える。これ、経営学では「アメーバ経営」と呼ばれるものです。

京セラの名誉会長・稲盛和夫さんが提唱した**「経営は一部の経営トップのみが行うのではなく、全社員が関わって行うべき」**という考え方に貫かれた経営理念です。

採算部門を5人〜10人ほどの小さな単位（アメーバ）に細分化して、それぞれが独立した会社のように運営する、というのが最大の特徴となります。

決算の数字をつつみかくさず開示することで、経営状態と問題点を共有できます。無駄なコストはないか、固定費削減の道はないか、人員を減らさずに給料をあげるためにはどうすればいいか……等々、経営状態を良くするためにはありとあらゆる問題の解決策を全員で考えて動かねばなりません。けれど、組織が大きくなればなるほど、具体的な解決策に至る手順も、それにかかる時間も増えていきます。ともすれば、自分の所属する会社であるにもかかわらず、経営にはさほどの関心がない、という社員の割合が増えていくリスクもあります。

アメーバ経営とは、採算規模を小さくすることで、よりスピーディかつ効果的な実践を得るための仕組みです。各部門が責任を持ってそれぞれの部署で採算性をあげていくわけですから、経営者意識を持った人材の育成と全社員が参加する経営が実現します。

これは経営側の問題だから、と一部の経営陣が数字を抱えたまま、社員にもっと働けと言ってもそれは無理な話。自分の働きが経営にどう影響しているのかが見える、また、どう貢献すればもっと大きな利益が生まれるのかまでヴィジョンを広げられることが大切なのです。

知恵袋
17

ひとりひとりが「アメーバ経営」の視点を。家計の問題点と改善プランを全員で考えよう。

父の背中を見て知った「お金の法則」

家計に必要なお金を、現金で仕分ける。実は、これは私の父がやっていたことです。当時、すでに給料は振り込みになっていた時代ですが、父は時々、茶の間のちゃぶ台の上にお札を広げて、これは貯金、これは保険、これは家の修繕代……と行き先を決めたお金を振り分けて封筒に入れ、金庫にしまっていました。

いま思えば、夏冬のボーナスや株の配当金など、大きなお金が入ったタイミングだったのだと思いますが、たくさんのお金が分けられてしまわれていく、その一部始終を小学校にあがる前の自分が飽きもせずにずっとながめていたのを覚えています。

家族が生活していくには、たくさんのお金が必要なこと。
計画的にお金を使っていくことが大切であること。
お金は有限であること。

知らず知らずのうちにそんなことを学んでいたんでしょう。

田舎《いなか》でしたからそんなに欲しいものもなかったこともありますが、おいそれと親におねだりもできませんでした。

いや、小学校1年のとき、一度だけ泣いてねだったことがあります。

雪国でしたから、雪が積もれば学校へは長靴で登校します。けれど、長靴を履いていても歩いていると履き口から雪が入ってくるのが冷たくてしかたがありません。友達が履いているような、履き口が紐《ひも》でキュッと絞れて温かい、最新式のかっこいい長靴が欲しくて欲しくて……。

幼いながら私も考えました。まず母を味方にしよう！　とOKを取りつけましたが「お父さんがうんと言ったらね」という条件付き。ドキドキしながら父に話すと答えは「NO」。「よその家は、よその家。まだまだ履けるのだから大切にしろ」の一言でした。

がっかりしましたねえ。あんまり欲しかったので、茶の間の柱に「ながくつ、かってけろ」と彫り込んだのを覚えています（笑）。

欲しいものは「プレゼンテーション」

「よそはよそ。うちはうち」

父が私に言ったこの言葉は、わが家でも息子たちのおねだりを退けるのに、何度も使いました。実はこれ、資産家たちもよく使う言葉です。

買ったばかりの長靴があるのに新しいものを欲しがった幼いころの私のように、まだ使えるものがあっても新製品が出れば欲しくなるのが人の常。流行のスニーカー、最新のゲーム機、新しい洋服やブランドのバッグ……欲しいものは次々と出てきます。

予算に限りがあったり、家庭のルールにそぐわなかったり。そこを押して欲しいものは、どうやって手に入れればいいのでしょう。

これが、家族の経営会議での大切な議題のひとつでもあります。

月々のおこづかいではどうしても手に入らないくらい高価なもの。

地道に貯めていては時間がかかりすぎるもの。

「家庭のルール」をときに変更してでも手に入れたいもの。

そんな、「どうしても欲しいもの」が出てきた場合は、なぜそれが欲しいのか、なぜ必要なのか、それを手に入れると自分にとっても家族にとってもどんな良いことがあるのか、などを**家族の経営会議でプレゼンテーションさせるのです。**

プレゼンテーション――自分の意見や状況、提案を、言葉や情報、図や数値などを使って伝えることで、相手の気持ちや予算を動かすこと。その結果、自分の望むものを手に入れることができたり、新しい企画が始まったり、相手の行動に変化を生み出したり、といろいろな形で利を得ることができますね。

たとえば、家庭のルールでは、「スマホは大学生から」と決まっていたとします。高校生のお子さんが、どうしてもいま使っているガラケーからスマホに変更したいと思ったとき、その子がどんな「プレゼン」をすれば、家族全員が納得できるでしょう?

他の子がみんな持っているから? これはまずダメですね。「よそはよそ。うちはうち」です。家庭の予算を動かすには少々弱い。

受験勉強に必要なアプリを使いたいから? スマホでしかできない勉強って具体的には何? という反論が当然、出てきそうです。

差額をおこづかいで負担するから？　ただでさえ、おこづかいが足りないと言っている子には、現実的なプランでしょうか？

「審査」や「査定」は他人のほうが厳しいもの。ときには、するどくキビシイ意見が出たりもします。

「差額はおこづかいから出すっていうけど、スマホに替えたら、どれくらい通信料があがるか調べてみた？　いつも金欠なのに払えるの？」

「お兄ちゃんは、口がウマいからいつも欲しいものを手に入れるけど……あんまり物を大事にしてないんじゃない？」

「すぐ壊れたのは、丁寧に使ってないからでしょう？」

「こないだ買ったアレ、すぐ飽きちゃったみたいだけど？　どうしても必要なものか、１か月様子を見てもいいんじゃない？」

「同じようなバッグばっかり持ってるけど、あれ全部必要なの？」

欲しいもののために、説得したり、具体的な数値を調べたり、自分の生活態度の改革を誓ったり、人と協働したり……本当に欲しいものなのか、必要なものなのかを十分考えるきっかけとなったりもします。家族みんなの大切なお金をどう使っていくのか、全員で考えていくことが大切なのです。

プレゼンテーションは、本人だけでなく家族全員がいろんなことを考える場となりますから、どんどんやりましょう。

前回のプレゼンでは説得できなかったけれど、どうしても欲しいから、もう一度、ということもあるでしょう。

一方、兄弟がいる場合、兄弟で使うから、とか、いつか自分も使うから、と協働してプレゼンしたりすることもあるでしょう。

新しいルールをみんなで決める必要が出てくることもあるかもしれません。

経営会議のタイミングはいつがよいか？

お金の行き先に余裕のある、毎月の給料日の週末に、というのが理想的でしょうけれど、毎月開くのはちょっと難しいという場合でも、年に2回、夏と冬のボーナス前に「経営会議」は開きたいものです。それ以外の時期は、必要な人が必要なタイミングで招集する、という形でも、家族のニーズに合わせて開催すれば良いと思います。そのうちに「欲しいものプレゼン」だって、夕食を囲みながら、と自然な形で日常生活のなかに入ってきます。

知恵袋
18

欲しいものを手に入れるには知恵が必要。
家族の経営会議で
どんどんプレゼンテーションさせよう!

「教育費という聖域」はない

子どものための教育費はできる限り手厚くしたいのが親心というもの。

つい際限なく、無理をしてでも投入してしまいがちなのが教育費ですが、ひとこと。

家計でもっともふくらみがちなのは、低所得層では食費、中程度の家庭では教育費と言われます。そのために「聖域」とも言われる教育にかけるお金も、ライフプランの作成とともに再考することが大切です。**「教育費」を「家計の聖域」にしてはいけません。**

私は銀行マンとして、教育ローンや奨学金の返済で家計がさらにひっ迫し、苦しむご家庭を多く見てきました。

だからこそ、早めのライフプラン作成や家族の経営会議で教育費についても話し合ってください。

「貯金がこれしかないなら、おれは地元の国公立に行くしか高校や大学進学の道はないなあ」

「塾に通うお金は厳しそうだ。まずは授業に集中してがんばるしかない」

気づいた子どもは猛烈に勉強しますよ。

前章でもお話ししましたがわが家では、小学生のころからふたりの息子にはこう伝えていました。

「中学までは公立しか通わせないよ。高校からは必要なら私立も考えてもいいけれど、それには相応の理由がいるよ」

「相応の理由」にはもちろん「学力が足りない」というのは含まれません。甲子園に出たいから、附属の音大に進みたいから、というような「将来をみすえた理由」しか受けつけません、とも伝えていました。子どもたちも私が本気でそう言っていることを肌で感じていたようです。

なにしろちょうどそのころは、私も夢を抱き始めたころ。

いつか会社を辞めてアパート経営に乗り出すために、とにかくもまず資金を貯めねばという「倹約期」でしたから、必死だったんですね。

車も友人から格安の5万円で買った小さな国産中古車でした。転勤して神戸のお屋敷町の支店で働いていた時期で、周囲には裕福なご家庭が多かったものですから、息子たちもよそのお宅と比べて貧乏な家だと思っていたみたいです（笑）。

けれど「うちはビンボーなんだよね」と、あっさりしたもので卑屈になることもまったくありませんでした。子どもは親の背中を見て育つ、といいますが、大きな夢のための節約や貯蓄でしたから、私も夢中だったし何より楽しんでいたのが良かったのかもしれません。

親がぶれたりせず、堂々としていれば、どんな暮らしぶりであっても引け目に感じたりはしないものです。

奨学金はほとんどが「借金」である

日本の大学の学費は世界でもトップクラスで高額。大学に進学させるお金はないから、と最初から奨学金制度を視野に入れている家庭も多いと思います。ご存じのとおり、奨学金には返済不要の「給付型」と要返済の「貸与型」の2種類がありますが、**現在、大学生の5割が借りているといわれる奨学金は、その多くが要返済、有利子の「貸与型」、つまり「借金」**です。「教育ローン」も同じく借金ですが、奨学金の場合は、利率が多少低いこともあり、借入へのハードルが気分的に低いようです。

くり返しますが、貸与型奨学金は借金です。卒業と同時に子どもに多額の借金を負わせることになることを心しておきましょう。多額の借金返済に追われての**奨学金破産**の例も少なくありません。

奨学金の借入名義は子どもです。けれど、返済については親としての責務だと考えたいものです。将来的に子どもの収入を充当するにしても、です。

いまは少しずつですが教育無償化も進められていますし、給付型奨学金の制度も拡大の方向で議論されるようになってきている過渡期といえます。

利用を考えるならば、将来的に子どもだけに返済の苦しみを押しつけることのないように、利用前から返済計画について、そもそも本当に大学に進学する必要があるのかも含めて、親子でよく話し合っておく必要があることを忘れないでください。

利率の高い教育ローンも利用しないにこしたことはありません。

できるかぎり最初から多額の借金を念頭に置くことのないように、子どもにできるだけ借金を背負わせることのないように、ライフプランを上手に利用してください。

知恵袋
19

「教育費という聖域」はない。
親が子に借金を背負わせてはならない。

第4章

「増やせる人」の知恵袋

お金を手にしたときの3つの鉄則

「稼いで」「貯める」ことができるようになったら、**増やしましょう！**

お金を増やすために必要な力はお金を管理する力です。

これが大人だってなかなか難しい。毎年、家計簿が途中で終わってしまっている……というお母さんのお悩みも多く聞きますね。

お金を管理する力を育てるにも筋肉を育てなければ。習慣にしてしまうのがいちばんです。

先日、ご相談にみえたある資産家のお母様とお嬢さん。小学校にあがるくらいの年でしたが、私のところに来る前に文房具店でした買い物の内容を、お母さんが私と話している間にさっと取り出した「おこづかい帳」に記入していました。「消しゴム、いくら」って。なるほど、やはり資産家のご家庭ではお金教育もきちんとされているんだなあ、と思ったのですが、幼いうちから少しずつ、**「お金を得たら」と「お金を使ったら」の「管理のルール」**に慣れていくことが大切です。

最初に教えることは「お金を手にしたときの3つの鉄則」。

１　お金を３種類に分けること。
２　収入から必ず貯蓄にまわすこと。
３　予算は、１週間単位で考えること。

必要な準備はふたつ。

１　子どもと一緒に口座を作りに行く。
２　４つの貯金箱とお財布を用意する。

詳しく説明していきましょう。

お金は「消費」「貯蓄」「投資」の３種類

お金は大きく３種類に分けられます。「消費」「貯蓄」「投資」です。

消費は生きていくのに必要なお金。食費や家賃、光熱費、衣服費など、すぐに必ず使うお金です。**貯蓄は、短期のものと長期のものと2種類**で考えます。たとえば家族旅行の費用など近い将来に使うための短期貯蓄と、教育費や住宅ローンの頭金など目的はあれど使う時期が遠いものや、いざというときのための安心のための貯蓄がこれにあたります。
これを子どもの経済に当てはめてみます。

消費「すぐ欲しいもの、必要なものに使うお金」
（例：消しゴムやノートなどの文房具、マンガや本、趣味に使うもの、おやつ代など）

貯蓄（短期）「近い将来、使うことがはっきりしているモノのために、貯めておくお金」
（例：サッカーボールやゲームソフトなどの高額商品、遊びに行くときのおこづかいなど）

貯蓄（長期）「いつか、いざ必要というときに使えるお金、『投資』にまわせるお金」
（例：計画外の出費のための備えや、大きく増やすための元手にするものなど）

投資「お金を増やすための元手にするもの、人のために使うお金」
（例：家族やお友達のプレゼント代や寄付など）

学校で使う文房具や書籍などをおこづかいで子どもが管理するかどうかなど、家庭それぞれのルールにもよりますが、ざっとこんなイメージでしょうか。

投資は本来、元手となるお金を投じて大きく増やすことを目的としたり、自分の価値を高めるために投じるお金を指しますが、この本では**「人のために使うお金」も投資**と考えます。「人のために使うお金は大きく育って戻ってくる」というリテラシーを育てるためです。

「収入」があったら「必ず貯蓄」

お金を管理する力にもっとも大切なことは、「貯蓄を習慣にすること」。収入を得たら必ず貯蓄にまわします。くり返しますが、お金を貯めるいちばん良い方法は、「最初からないものとする」ことにつきます。余ったら貯金しよう、ではいつまでたっても貯蓄貧乏のまま。お金が貯まる人の絶対条件は、「計画性があるかどうか」なのです。

大人の家計管理では、収入の15〜20パーセントは貯蓄にまわすのが基本中の基本。

サラリーマンの場合は最初から貯蓄分を引いた残りが手取りの給料として振り込まれる

「天引き（引き当て）」の制度を利用するのがいちばん。

子どもの場合も、この天引きシステムを最初に教えて「この方法を使うか、使わないか」を本人に決めさせるのがいいですね。最初から「使う」という子どもはほとんどいないと思いますが（笑）。

１００円のお駄賃をもらったら、10円は「必ず貯蓄」、10円のお駄賃だったら、１円を貯金、というように、どんなに小額のおこづかいであっても必ずそこから貯蓄にまわす習慣をつけさせましょう。

ちなみに、ゆうちょ口座への貯蓄を「貯金」。銀行口座への貯蓄のことを「預金」と言います。ご存じでしたか？

知恵袋
20

お金が手に入ったら
「消費」「貯蓄」「投資」の
３種類に分けて、「必ず貯蓄」する。

消費は「1週間単位」で管理する

1000円のおこづかいから100円を貯蓄にまわし、さあ、残りの900円をどう使うか？

予算管理の考え方は、子どもでも大人でも変わりません。

1か月の予算を、週ごとの予算に分配した**1週間単位**で考えるのがいちばん簡単です。金融用語でいうところの**〝週足《しゅうあし》〟、「今週はこのお金で生活する」**のです。

たとえばお父さんのランチ代。週に2500円、1日あたり500円でと決めていても、たまにはちょっと贅沢《ぜいたく》ランチをしたいときだってあります。昨日はふんぱつしたから今日は抑えめにしよう、と1週間の間に帳尻が合うようであればOKというものです。今週は、節約ウィークにしたから500円繰り越せた！　というときはうれしくってしかたないでしょう。

これが〝日足〟だと、自由度が減りますし、〝月足〟だと、手元にある額が多すぎてついつい使いすぎてしまうものです。

学校の時間割やお稽古ごとなど、1週間単位でスケジュールが決まっている子どもにとっても〝週足〟で考えるのがいちばん簡単。「火曜日は塾の後にいつもみんなでジュースを飲む」ということであれば、ジュース代に予算をとっておかねばなりません。

週末に余剰が出たら、「短期貯蓄」「長期貯蓄」「投資」いずれかの貯金箱に入れておけばよし。もちろん、来週への繰り越し金にしてもＯＫです。**繰り越し金をいかに出せるか、ゲーム感覚で取り組めるようになったら、ますます楽しくお金が貯められることになります。**

お金が貯まると楽しいんです。だから、もっと貯めたくなる。

「昨日、ジュースの他に菓子パンも買っちゃったから大ピンチ！」というときには、貯金箱から補塡《ほてん》、ということも、もちろんアリです。そのかわり、いつまでたっても目標のサッカーボールが買えない……という現実にぶちあたるのもまた必要なことです。

予算はパーセンテージで考える

お金が貯まる人の絶対条件は「計画性」とお伝えしました。

１か月の収入には限りがあります。毎月、どのようにお金を使うか、いくらの予算でやりくりするかが決まってきますが、ポイントは、**予算を額ではなく、割合で考えること**です。

私が長年の経験で得た家計の割合は、だいたいこんな数字になります。

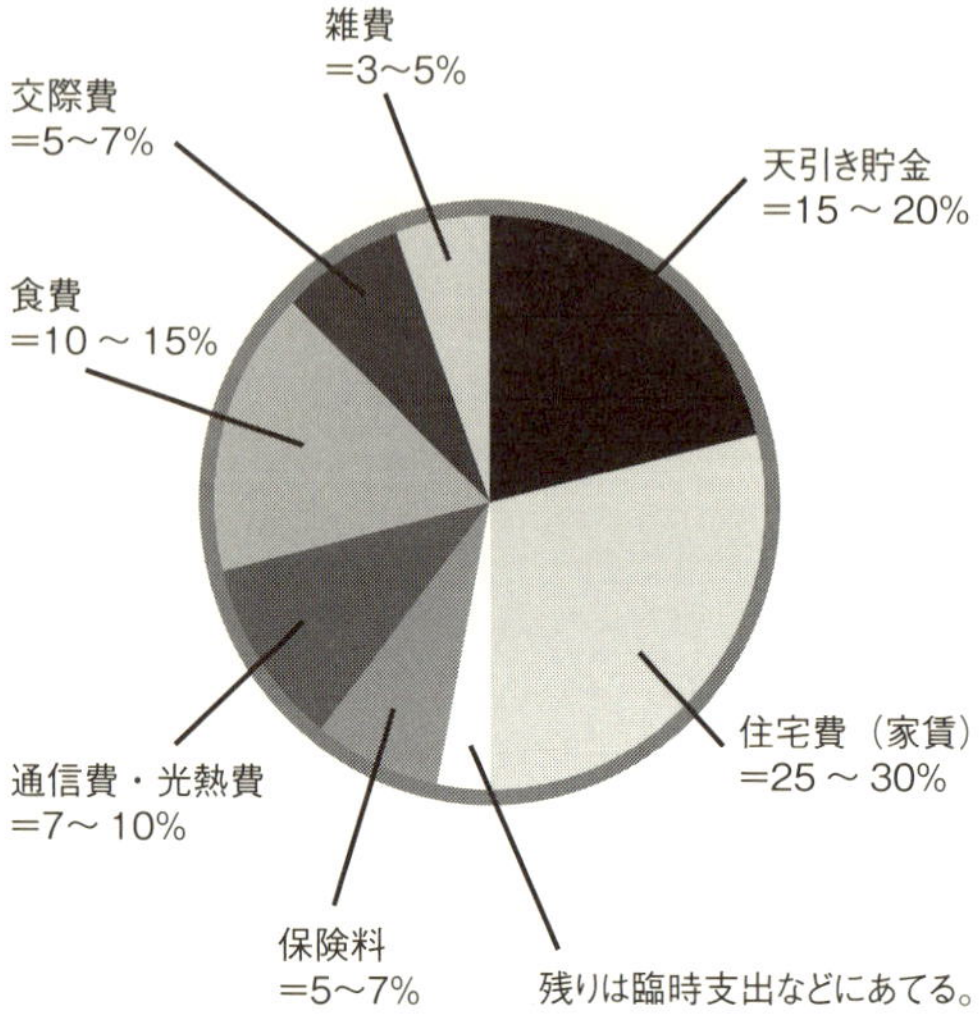

この家計の基本的な割合も、最初にちゃんと子どもに教えておきたいものです。

「あなたの場合、住宅費、保険料、光熱費を支払う必要がないから、本当はその分、貯蓄にまわせるはずだよね」って。

子どもは収入にばらつきがあるかもしれません。でも、収入が多いときも少ないときも、割合で支出を管理することがお金を増やすコツだということをしっかり伝えておきましょう。

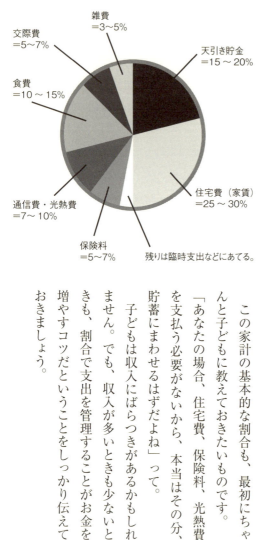

知恵袋
21

支出の管理はパーセンテージ、1週間単位の〝週足〟で考える。

「4つの貯金箱」を用意する

「お金」を管理するには「行き先の見える貯金箱」が一番です。

「お金をもらったら、必ず貯蓄」を実践させやすいように、貯金箱は複数用意します。「短期の貯蓄」と「長期の貯蓄」「消費」「投資」と、行き先ごとに用意することになりますから貯金箱は少なくとも4つ必要となりますね。

具体的に欲しいものがいくつもある場合には、目的別にいくつ作ってもOKです。サッカーボール用、ゲームソフト用、と5つ、6つと必要になる子もいるかもしれません。貯金箱が6つあれば6つ全部に少しずつでも入れる子もいれば、目的別に〝コンプリート〟していく子もいます。どうしたら楽しく貯めていけるのか、子どもたちは自分で工夫していきますよ。

いわゆる貯金箱でなくてもかまいません。お菓子の箱でも、100円ショップで売っている透明ボックスでもなんでもOKです。ふたなどに「サッカーボール貯金」「貯まったら銀行に預ける貯金」など、「なんのための貯金なのか」という目的を書きこめるものにします。

目的を達成したら、次の目的のための貯金がスタートしますから、書きかえ可能なものやシールなどの貼り替えがラクなものだと、長く使えていいですね。

うんと幼い子どもの家計では、１００円、２００円の小額のお金を扱うことが多いでしょうから、「お金を分類すること」と「貯蓄」を実践しやすいようにしましょう。小銭で渡したり、最初に大きなお金で渡してから両替してあげてもよいでしょう。

お金の行き先は子どもが決める

おこづかいを手にしたときのルール「必ず貯金する」に加えて、もうひとつ大切なことは、残りの**お金をどの貯金箱に入れるかを子ども自身が考えること。**

これが、「お金の管理力」を育てるのに大いに役に立ちます。

この１００円は「消費」にあてるか「貯蓄」にまわすか、もうすぐおばあちゃんの誕生日だから、今週はジュースをがまんして「投資」にまわそうかな……と、限りあるお金を、どの貯金箱に入れるかを考えることは、少し先の未来を考えることです。

「目的のある貯金箱」にお金が貯まっていくのは楽しいものです。限りある「資金」を

「どのお金に分類するか」を考えることは、お金を管理するうえでとても良いトレーニングになります。

「今週の予算」がなくなってしまい、貯蓄用の貯金箱から使ってしまう子もいるかもしれません。銀行にお金をおろしに行くハメになる子もいるかもしれません。

それでもいいのです。**自分の資産からやりくりすることを考えることが大切です。**

大好きなおばあちゃんのお誕生日、ハンカチをあげたくて貯めていたけれど、実は先週、マンガ代に使ってしまってピンチ！……似顔絵とお手紙にしたけどちょっとかなしかった。パパの誕生日プレゼント、エンピツ分しかお金がなかったので、お兄ちゃんと共同で買うことにした。ノートとエンピツのセットにできて良かった、というように資金が足りなければ、子どもたちはいくらでも工夫します。そしてその経験がお金の管理に生きてきます。

お財布も用意します。

お財布も貯金箱も口座も、お金の大切な居場所です。おこづかい、つまり「自分の収入」を管理する生活が始まると同時に、お金を大切に扱うことを教えましょう。

知恵袋
22

貯金箱は４つ以上用意する。
目的を書き込んで、お金の行き先は、
子ども自身が考えて管理する。

子どもと一緒に口座を作る

定額制であっても、報酬制であっても、「おこづかい」が始まったら、一緒に口座を作りに行きましょう。**本人と一緒に作りに行く、というのがポイント。**

これは、**お金を増やす仕組みを理解するための大切な準備**です。

子どもが生まれたときに、口座を作る方は多いでしょう。7つの財布を持つと言われる昨今の子どもは、祖父母に加えておじさん、おばさんなどからのお年玉や、お祝い金などをあわせて驚くほどの貯蓄を持っていることも多いものですが、そのような、すでに開設済の口座とは別に、子どもと一緒に新しく作るのです。

口座の開設先は、まず親のメインバンクがよいでしょう。子どもひとりでも通いやすい自宅近くの支店があればそこにします。いくつか選択肢がある場合は、地元の信用金庫に口座を作るのがお勧めです。

親のメインバンクをお勧めする理由は、親子の資産を〝連結〟しやすいから、地元の信用金庫をお勧めする理由は、地元の信用金庫と長いおつきあいをすることで得られるメリットが大きいからです。詳しくは『家族のお金が増えるのは、どっち⁉』（アスコム）に書きましたのでここでは先に進みます。

すでに親のメインバンクに子どもの口座がある場合は、新しい金融機関を親子で一緒に比較検討してみましょう。幼いときは、通帳に好きなキャラクターが使われている、なんてことでもモチベーションはあがります。ATM手数料の安いところ、ネットバンキングの使い勝手のよさ、ジュニアNISA（未成年者少額投資非課税制度）の扱いのあるなしなど、いろいろ検討してみるのも楽しいものです。

口座を開設し、通帳を手に入れたら**「貯金の目的」を通帳に書き込みます。**

「サッカーボール貯金」が達成されたら、新たな目的を書き込む。

そうやってひとつひとつ、自分が目標をクリアしていった記録が目に見えて残っていく体験は、大きな達成感を育てます。

お金を預けに行くペースは毎週でも月に一度でも。

口座もひとつである必要はありません。

おこづかいから貯めた長期の貯金のための口座。お年玉や入学のお祝いなど、イレギュラーな収入のための口座など、貯金の目的別に銀行を変えて、口座を作ってもよいでしょう。

お金がお金を増やしてくれる

銀行に預ける目的は**「自分の財産を代わりに守ってもらうこと」「貯めたお金でお金を増やす仕組みを利用する」ためです。**金利の低いいまの時代では、金利による資産増はほんの少しですが、幼いころから「お金が新しいお金を生む」システムを自分の財産の一部にしておくことが大切なのです。

少しずつでも貯蓄をしておけば、少しずつ資産は増えます。けれど、大きく増やすためには「仕組み」が必要です。

貯蓄を元手に株を購入したり、不動産購入の頭金にすることで、銀行でローンを組んだり、貯めたお金を使って**お金がお金を増やす仕組み**を作る必要があります。

幼いころから体験的に「お金がお金を増やす金融の仕組み」を実践していくということが、ファイナンシャル・リテラシーを育てるための大切な第一歩となるのです。

銀行はどういう役割をしているところなのか。銀行にお金を預けると金利がつくのはどうしてなのか。自分の代わりにお金の管理と運用をしてくれる場所だという理解は、幼稚園くらいの幼いお子さんでもしっかりできるもの。小学生にもなれば、海外旅行の際、円と外貨が交換される仕組みも体験的に理解できますし、株や保険などの投資なども、小学校高学年や中学生になれば興味が出てくる子もいるでしょう。

ＡＩやフィンテックの進歩によってＩＴ化が進む金融業界では今後、銀行はますます店舗を削減していくでしょう。リアル店舗の窓口で口座開設をし、リアル通帳を持ち、現金を預けに行く、ということもいずれ貴重な体験になる時代は遠くないかもしれません。生活のなかで必要な決済も、すべて電子マネーやＱＲコードでの引き落としなどキャッシュレス化が進んでいく時代だからこそ、「現金でのリアルな取り引き」を体験しておくことは重要だと感じます。

不必要な口座は整理する

子どもの口座開設を機会に、親も新たに**目的別の貯金**を始めてはいかがですか？

家族のライフプランを作ったときに、「ハワイ旅行」「ピアノ購入」など、お子さんの成長や家族の楽しみのために新たに設定した「家族の目標」、その資金用の専用口座を作るのです。
子どもと同じく、通帳を作成したら目的を通帳の表紙に記入しましょう。「ＯＫ大学入学資金」などと書いてある通帳からは、なかなか手をつけられるものではありませんし、月々いくばくかでも貯めていける達成感を家族全員で共有すると、ますます貯蓄欲が高まるものです。

注意したい点として、今後、**「預金口座手数料」**が徴収されることが現実味を帯びてきました。口座を持っているだけでお金がかかる時代がやってきます。メガバンクや地元の信用金庫のほか、ネット銀行、投資に使いやすい信託銀行など、口座の使い分けも慎重に考えねばなりません。いまは、口座内で「目的別」に貯金を仕分けられる仕組みを持っている銀行もあります。**この機会に不必要な口座は整理しましょう。**

いまは金融サービスの形が大きく変化している時代。引き出し手数料や振込手数料など、**口座管理と運用のコスト**についても、各種のサービスを吟味することが必要になってきます。子どもだけでなく、親世代も勉強が必要な時代、情報を整理して常にアップデートしておきましょう。

個人情報やパスワードの管理法

口座開設と同時に絶対に教えなければならないことが個人情報の管理です。

銀行に口座を作るためには、名前や住所、電話番号など、自分の個人情報が必要となります。キャッシュカードを作る際にはパスワードを決める必要があります。お金を預けるにもおろすにも、このパスワードが必要になります。

パスワードは、自分の情報と財産を守るもの。家のカギと同じです。常に最新の情報とともに最新のカギを使い、かんたんにドロボウに入られることのないように安全に家を守らなければなりません。この大切な情報の扱いは細心の注意が必要であること、誕生日や住所など、推測されやすい番号は避けること、使い回すのはいけないこと、など、リスクとともにきちんと教え考えさせる必要があります。

お金の管理だけではなく、SNSやネットサービスなど、パスワードが必要となるサービスにひとつも加入せずに生きていくことが困難な時代。個人の情報と財産を守るためにパスワードをどう管理していくのか、大人だってあやふやな方がいるかもしれません。いまは、セキュリティを高めて複雑なパスワードを管理するソフトも有料・無料にかかわらずたくさんあります。子どもと一緒に情報を集め、これを機会に「自分の財産の守り方」を勉強しなおしましょう。

知恵袋
23

子どもと一緒に新しい口座を開設して
お金がお金を増やす仕組みを手に入れる。
金融機関の情報や財産を守るスキルは
親も常にアップデートする。

おこづかい帳の目的は記録ではない

複数の貯金箱や口座とともに、「管理力」を育てるものが**おこづかい帳**です。

消しゴムやノートなどの文房具類、学校で使うものなど、勉強に関するものはおこづかいとは別に親が支払う、としている家庭も多いようですが、私は、これも自分のおこづかいから払わせるほうが良いと考えます。

「消費＝すぐ、必ず必要となるお金」は、会社でいえば「経費」にあたる支出です。**自分で支払うことで、今の自分の生活に「経費」がどれくらいかかっているのか、生きていくうえでかならず「経費」がかかることを教えることができます。**

「いまの自分には、月々いくらの経費が必要である」ということを子どもと相談して、経費部分については定額のおこづかい、それ以外は報酬制で、と2段階で考えるのもよいでしょう。

「経費」を決めるには、自分が毎日どんなことにどれくらいお金を使っているかの情報が必要になりますから、まずは準備です。

最初に、1週間単位で、1か月分の支出を書き出します。

「毎月第4日曜日は、絵画教室だから、画材とおやつで余計に1000円かかる」など週によって支出に差がある場合もあるからです。

そのほかにも、ノートや文房具などに、どれくらいのペースでいくら使っているのかなどを調べて、いくらを経費として計上すればよいか予算を立てるのです。

第1週〜第3週のおおまかな支出　940円
月曜日＝週刊マンガ　300円
火曜日＝塾（ジュース代）　120円
木曜日＝塾（ジュース代）　120円
土曜日＝サッカー（ジュースと菓子パン代）　250円
※文房具費は月にだいたい600円だから、4週で割って150円
※第4週の支出＋1000円（絵画教室の画材とおやつ代）

この支出のうち、いくらを**経費扱い**とできるか親子で話し合いです。

「マンガ以外の支出の合計は週に790円＋文房具費が週に150円で計940円。第1

〜3週は、60円を予備費として1000円。第4週は＋1000円で2000円を経費として計上します！」

「……マンガはパパもママも兄ちゃんも読んでいるんだから、毎週、購入担当を変えていくことを提案します！」なんて交渉だってアリなわけです。

まず「予算」を記入する

おこづかい帳は、使ったお金をただ記録しておくだけでは意味がありません。

もっとも重要な役割は、**立てた予算を明確にしておき、実際に使ったお金との差を見て、改善ポイントを考えるためのものだということです。これは家計簿でも同じ。**

冒頭のお嬢さんのように、お金を使ったらすぐ記入できるように持ち歩けるサイズのノートでもいいですし、スマホを持たせているならば、アプリなどを利用するのもよいでしょう。

●おこづかい帳のつけ方

1 もらったお金を分類して、予算を立てる。
2 立てた予算の額を記入する。
3 実際に使用した金額を記録する。
4 次のおこづかいをもらう前に、予算と支出の差額を記入する。
5 マイナスが出ていたらその原因を、プラスが出ていたらその理由を考えて、メモしておく。
6 プラスが出たら、そのお金を繰り越し金として手元に置いておくか、銀行に預けるか考える。

おこづかい帳をつける目的は「経費の考え方」を知り「予算の立て方」を覚えること。さらに「自分のお金の使い方の弱点と強み」を知ることにあります。収入から貯蓄にまわし、経費を抜いた残額で、どう自分の生活を豊かにしていけるのか、計画し、目標を立てて、がまんする力も養ってくれます。

●「増やせる人」のおこづかい帳

1か月のおこづかいが 2000 円の場合

①もらったお金を「貯蓄」「消費」「投資」に分類して、まず貯蓄。

②1週間ずつの予算に分ける。

③消費の種類も分けられるとなおよい。

「すぐ必要なもの」＝消費のなかでも必ず使う「経費扱い」

「すぐ欲しいもの」＝消費のなかでも「経費扱いにはならないもの」

2019 年 4 月

予算	使った日	消費		貯蓄	投資	小計	メモ
月 2000 円		すぐ 必要なもの 500 円	すぐ 欲しいもの 1200 円	200 円	100 円	2000 円	目標！来月、遊園地に行くから、少しプラスを出す！
第 1 週 700 円	4 月 1 日			200 円			
	4 月 1 日	えんぴつ 100 円					
	4 月 1 日	ノート 200 円					
	4 月 5 日		ジュース 120 円			620 円	
第 2 週 500 円	4 月 12 日		マンガ 300 円				
	4 月 15 日		ジュース 120 円			420 円	
第 3 週 300 円	4 月 19 日		ジュース 120 円				
	4 月 20 日	消しゴム 100 円				220 円	
第 4 週 500 円	4 月 26 日		ジュース 120 円				
	4 月 26 日		マンガ 300 円				
	4 月 30 日				100 円	520 円	←投資にまわせた！
今月の支出		400 円	1080 円	200 円	100 円	1780 円	来月まで
今月の支出プラスとマイナス					プラス	220 円	←貯金箱に

「成果を見える化」すれば楽しく続けられる

経営に必要なお金をどうやって稼ぎ、どのように管理し増やして、どう使うか――これは、経営者がいつも考えていることです。**複数の貯金箱も、複数の口座と通帳も、おこづかい帳も「成果を見える化」することで、この思考のくせをつけ、楽しく続けるための方法です。**

自分の暮らしに、お金がいくら必要なのか。いくらあったら余裕のある暮らしが送れるようになるのか。また、どうしてなかなか貯まらないのか、いつもお金が足りなくなるのは、何に使っているのかなど、自分の弱点も見えてきます。

定額制でおこづかいをもらっている子どもも、報酬制の子どもも「予算配分」と「事業計画」を考えなければなりません。来月は友達と遊園地に行く予定だから、少しおこづかいを増やしておきたい……でも、塾のあとのジュースはがまんできないから、今月はお風呂掃除を10回はがんばろう！　というイメージです。

事業計画は稼ぐ力の原動力。事業計画と予算配分はともに大事な経営戦略です。「稼ぐ力」と「管理する力」の両輪が「経営戦略」、つまり「経営者としての発想」を支えるのです。

知恵袋
24

おこづかい帳の目的は記録ではない。
「成果を見える化」することで
自分のお金の使い方を知り、
さらに楽しく増やすための味方である。

卵を産むニワトリを食べずに育てる

週末にはいつも金欠だし、貯蓄用の貯金箱のなかはいつも空っぽ、銀行に貯金するお金がいつまでたっても貯まらない子の場合、どうすればいいですか、という相談もよくあります。

消費にかかるお金をサイズダウンするには、自分の「消費ぐせ」を知ることが必要です。今週は暑くてジュースだけでなくアイスも食べてしまったから、サッカーボール貯蓄用のお金を使ってしまった……と原因を知ることです。

試しに1週間分のレシートをチェックしてみてください。思った以上にコンビニで買っている、ランチを買いに寄ったのに、チョコレートも「ついで買い」している……など、ちょっとした「消費行動のくせ」が見えてくるはずです。自分の「消費ぐせ」を意識できたら、「消費しないための行動」がわかります。

欲しいものを具体的に設定して、そのためにコツコツとおこづかいを貯めること。それは、目標のためにあきらめない力を育てます。そして、欲しいものを手に入れるためにはときに「がまんする力」が必要になります。

おむすびを買いに来たのだからチョコはがまん。ムダづかいせずに、サッカー貯蓄にまわす。

目的のために努力して貯める。

これは「いずれ卵を産むニワトリを食べずに育てる」ことと同じです。

この「目的のためのちょっとしたがまんと努力」がなかなかできない場合は、さきほどもお話ししたように「天引き」しかありません。目の前にあるから食べてしまうわけなので、おこづかいや報酬を渡すときに最初から貯蓄分をさし引いておいて、残りでやりくりすることから始めるしかありません。

ジュースを2週間がまんするのはつらいですが、1日、2日だったら水を飲んでやりすごす、ということもできるでしょう。塾にある自販機は120円だけどコンビニで買えば108円だから、塾に行くときは少し早めに出て買ってから行く、という工夫もできるでしょう。

どうして、ジュース代を節約するのか？　それはサッカーボールが欲しいから。どうしてサッカーボールが欲しいのか？　サッカーがもっと上手になってプロの選手になりたいから……**限りある資産をどう使うかをとことん考えること、それは、自分の人生をどう生きたいかを考えることにつながります。**

ときにそれは、大きながまんも必要とすることでしょう。自分を律して何かをがまんしたり、耐えるということは大変なこと。そんなとき自分を支えてくれるものは何でしょう？

クラーク博士と赤毛のアン

野心とハングリー精神です。

日本では「彼は野心家だから」などと言うとき、あまりよい意味で使われないことが多いですが、そんなのおかしい！　と私は思っています。

「もっとステキな自分になりたい！」「こんな事業をおこして人を幸せにしたい！」という大きな夢を抱いてそこに向かってがんばることは、すばらしいことです。

「少年よ、大志を抱け！」です。

こう言ってはなんですが、最近の若い方には「ハングリー精神」が少ないような気もします。

つらいときや、挫折したとき、なまけてしまいそうになるとき……「もっともっと」「ちくしょう」「いまに見ていろ。おれはもっとでっかいことをやってやる！」というハングリーな気持ちが支えてくれる局面が人生には何度もあります。

自分で挑戦を始めたことを、歯をくいしばって最後までやり抜く力、壁にぶつかっても簡単にあきらめない力は、人を大きく成長させてくれます。しかも、悲壮感いっぱいに取り組むよりも、未来の、もっとキラキラした自分を想像しながら、楽しく、ワクワクしながら取り組んだほうが成果が大きくなるでしょう。

先日、ご相談者さんとそんな話をしていたら彼女が「それは、『赤毛のアン』ですね！」とおっしゃいます。

カナダの作家モンゴメリによる名作小説『赤毛のアン』にはこんなセリフがあるそうです。

〈ああ、野心をもつということは楽しいものだわ。こんなにいろいろと野心があってうれしいわ。限りがないみたいだけど、そこがいいんだわ。一つの野心を実現したかと思うと、また別のがもっと高いところに輝いているんだもの。人生がとてもはりあいのあるものになるわ〉（『赤毛のアン』村岡花子訳、新潮文庫）

さっそく帰り道に購入して一気に読み、そのとおり！　と、ひざをうちました。

ちなみに、さきほどのクラーク博士の有名な言葉。そのあとに続けて言ったといわれる部分をご存じですか？

少年よ、大志を抱け
お金のためではなく
私利私欲のためでもなく
名声というむなしいもののためでもなく
人が人としてあるべき道をまっとうするために
大きな志を抱きなさい

野心もハングリー精神も、自分のためだけのものではまだまだ、ということ。

「ステキな自分」になって、どうするのか？　自分のためだけに生きるのではなく、人の喜び、人の幸せのためにステキな自分になって貢献する。そうするともっとステキな自分になれる。それが人としてあるべき姿、道である、ということなんですね。

知恵袋
25

卵を産むニワトリは決して食べてはいけないが、
〝がまん〟と考えるとつまらなくなる。
より大きな喜びのために、ワクワクしながら育てよう。
健全な野心とハングリー精神は人生を豊かにしてくれる。

第5章

「もらえる人」の知恵袋

18歳成人を待ち受ける金融リスク

この章では、**お金のこわさとリスク**についても考えてみましょう。

2022年4月1日から成人年齢が満18歳に引き下げられることになりました。

つまり、18歳以上であれば「消費者契約」をむすべることになります。親の承諾なしで消費者金融でだってお金が借りられますし、クレジットカードも作成できます。株式投資や暗号通貨（仮想通貨）の購入だって、アプリからカンタンにできる時代です。

親の承諾なしで、ということは一気にさまざまな金融リスクにさらされることになりますし、その状況に親が気づけるチャンスが少なくなる、ということです。

金融リスクにさらされる原因、それは無知によるものです。

クレジットカードでの買い物が借金であることはもちろん、リボルビング払いや、奨学金をはじめ借金にかかる「金利」とは何か？　複利や単利などの金利の仕組み、株式投資や暗号通貨（仮想通貨）の仕組みなど、**自分の「財産を守り、増やす」ために、「よくわからない」ですませてはいられないことはたくさんあります。**

たとえば、現在大きな問題となっている大学生など若者層を狙った「名義貸し」被害の拡大。これは、携帯電話や自動車ローンの契約、クレジットカード作成や銀行口座作成のための名義貸し、つまり自分の名前を貸すことが「違法」であることや、個人の信用情報を他人に貸すことの本当のリスクを知らず気軽に応じていることが原因です。

「よくわからないけど、親友が〝アルバイトみたいなもの〟って言ってるし」とか。

「最近よく聞く会社名だから、きっと安心だろう」など。

前述した、かぼちゃの馬車事件の被害オーナーたちと同じです。

「自分で理解できない商品に投資するな」は鉄則であるにもかかわらず、よくわからないままに行動し、損をしたり被害をこうむったりしているのは大人でも同じ構造。

これからの時代を生きていく子どもたちがそれと同じではいけません。

子どもが失敗するチャンスを奪わない

こうした金融リスクを回避するために、正しい金融の知識や、健全なファイナンシャル・リテラシーが必要なことはもちろんですが、**子どものうちにお金の失敗をたくさん**させたいものです。

そのためにも「親が口を出しすぎないこと」が大切です。

「また、そんなものにムダづかいして」

子どもの買い物について、親がついつい言ってしまいがちなセリフですが、これも**NGワード**です。

自分が欲しいものを、自分のお金で手に入れることは素晴らしいことです。

親が子どものお金の使い道を決めつけたり、誘導したりしてはいけない――これは、自分自身で物事を考える力を育てることはもちろんですが、もっと大切な目的があります。

子どもがお金のことで、隠しごとをしたりせず、いつでも家族に相談できるようにしておくためです。

子どもは親の言うことに敏感ですから、いつも親に口出しされたりコントロールされていると、**「親が気に入らないお金の使い方」を隠したりすることがあります。**

お子さんがもし、お金について何かごまかしたり、隠したりするようなことがあったら、まずは親の側に何かそうさせるようなことがなかったかを考えてみてください。

もらったおこづかいをどう使い、どう生かすか。子ども自身に考えさせて管理する力を育てたい、と言いながら、親にしてみれば、お菓子やゲームより頭が良くなりそうな本なんかを買って欲しいもの。ですが、ここはぐっとがまんです。本人が決めたことを尊重しましょう。だれだって、頑張って貯めたお金の使い道についてあれこれ文句を言われたり、イヤミを言われたり、変更させられたりしたらイヤでしょう。

本当に欲しいものに使えないのなら「貯める」モチベーションは下がります。親のために「貯めてあげている」になってしまう。

なにより、親がおこづかいの使い道に口出ししすぎると、失敗する機会や、失敗を失敗として受け止める機会を失ってしまうことになります。**子どもが自分にとって価値あるお金の使いかたについて考えるチャンスを奪ってしまうのです。**

アドバイスと口出しは紙一重。過保護がすぎると、子どもの「機会」を奪ってしまうことを肝に銘じましょう。

友達がみんな持っている新しいゲームソフトを買ってみたけど、すぐ飽きてしまった、という思いをした子は、次回、買うときには真剣に検討するはずです。ゲームソフトを買うよりも、遊園地に行くときのおこづかいに貯めておけば良かった、と思うこともあるでしょう。ガチャガチャをやりすぎて今週はマンガ雑誌が買えなかった、なんて後悔も体験してみないとどれほど情けない感じがするかもわかりません。

金額に値しないと感じることを「コスパ（コストパフォーマンス）がよくない」などといいますが、それが本当に自分の大切なお金を投じる価値がある商品だったり体験だったりするのかを真剣に吟味するようになります。

お金を投じて購入したものが、自分の生活や気持ちをさほど豊かにするものではなかった、という思いをすることは、親だって大いに思い当たることがあることでしょう。子どもにとって、**「お金の失敗」は、自立する前にできるだけたくさん体験しておきたい**ことのひとつです。

「よく話してくれたね」は魔法の言葉

人にお金を借りない。人にお金を貸さない。

この2点は特に、徹底して子どもに教えたいものですが、イマドキの小中学生ともなれば、学校やお稽古ごと、塾などの交友関係のなかでお金がらみのトラブルに巻き込まれることもあります。

〇〇くんにお金を貸したけれど返してくれない。

△△ちゃんにお金を借りてしまったけれど、返せないまま1週間がたっている。

子どもが、何かしらお金がらみの「事件」を相談してきたときは、まずほめましょう。

よく言ってくれたね、と。

子どもが勇気を出して正直に相談したことを、いちばんにほめてあげなくてはいけません。

そして、じっくり話を聞きます。そのうえで、「どうすれば解決できると思う？」と一言問いかけるだけで、子どもはうんと考えますよ。

解決策とともに「何が悪かったと思う？」「同じ失敗をくり返さないために、どうすればいいと思う？」という点も一緒に考えていきましょう。

すぐに家族に相談できるというオープンな関係と環境のためには、やはり家族の経営会議が大切になってきます。ひんぱんに経営会議を開き、お金のことをオープンに話し合える家族であれば、モンダイが起きても大事になる前に解決に向けて動けるでしょう。また、おこづかいを渡すときなどに、気づけることもあるはずです。

特に何に使っているようにも見えないのに、残高が少ない。おこづかい帳に書かれていないけれど、新しいマンガ本がある、などです。

「失敗」は小さいころにするのがいい。これはお金だけの話ではありません。

一度の失敗ではわからなかったり身につかなかったり……何度も失敗を重ねてでしか学べないこともあります。

失敗したことには自分でも気づいているわけですから、そこで何を学んだのか、次にどう生かしていけばいいのか、自分の何が問題だったんだろう、ということを考えさせる良いチャンスとして、親があまりくどくどと責めたりしないことです。叱責するだけ、というのがいちばんよくないですね。さきほどもお伝えしたように、次に何かあったときに、親に知られないように、隠そう、ごまかそう、という気持ちが働くようになってしまうからです。

子どもの力を信じて待つ、ということはファイナンシャル・リテラシーを育てるうえでも、自立のための子育てにおいても、親自身が育てていかなければいけない大きな力であることはまちがいありません。

知恵袋
26

失敗するチャンスを親が奪わない。
子どものお金の失敗は、財産になる。

親の「失敗」も子どもの「財産」に

お金についての失敗だからこそ、家族で共有したいものです。

特殊詐欺、いわゆるオレオレ詐欺にだまされてしまった高齢者は、警察の介入があっても、それを子どもに話されることを嫌がるという話を聞いたことがあります。

私も若いころ、株式投資で大損をした経験がありますが、お金についての失敗はいくつになっても恥ずかしいものです。でもだからこそ、親はどんどん自分の「失敗談」を子どもたちに話したいものです。

勇気のいることではありますが、**親の失敗は子の財産、最高の教科書になります**。また、話しているうちに、あらためて自分の「弱点」に気づくこともあるでしょうし、新しい解決法を親子で考えるチャンスにもなります。

ニュースやチラシで考える「お金のこわさ」

世の中には「お金」で失敗した人たちのニュースで溢《あふ》れています。

税金を私的に使用したために要職を追われた政治家。
違法ギャンブルにはまって、大事な大会に出場できなくなったスポーツ選手。
カジノ通いがやめられず会社のお金を使いこんだ社長。
預かったお金を横領した銀行員。
借金が原因で人を殺してしまった人。
自分のお財布以上のものを欲しがりすぎた人。
人のお金と自分のお金の区別がつかなくなってしまった人……。

そんなニュースが流れたときは、どうしてこの人はこんなことをしたのだろう、途中でなんとかできなかったのだろうか、と家族で**「そもそもお金ってなんだろう」「お金のこわいところはなんだろう」「健全な金銭感覚ってなんだろう」について考えるチャンス**です。

お金は、自分の人生の選択肢を増やしてくれるもの。
貯めることだけが目的ではないこと。

豊かな人生を生きるためのツール、良いサポートをしてくれるものだとしっかりと身につけなければ、とても使いこなすことなどできませんし、お金だって味方になってくれません。

当たりつきアイスでわかる行動心理

「価値があるものには値段がつく」

たくさんの人が欲しがるもの、価値がある物や情報には、対価がつくのがあたりまえ。

だから、**ただほどこわいものはない。**

これも、幼いときからことあるごとに何度も教えたいことのひとつです。

その一方で「無料」をうたう商売が成り立つのはなぜか？　どうやって「無料」から利益を生み出しているのかも一緒に考えましょう。子どもの世界でもそんな商売はたくさんあります。

たとえば、当たりつきのアイス。

商品の原価や人件費を考えて、何本に1本の当たりなら、売り手が損をしないのか？

などと考えてみるのは算数の勉強にもビジネスの練習にもなります。当たり棒が出たときのうれしい気持ちや、お店に交換に行ったとき、ついつい他の物に手を出したりしてしまわないか、ということからも話が広がるでしょう。

スマホアプリのゲームでも、最初は課金しなくても遊べます。でも、続けているうちに押さえがきかなくなって手を出してしまうのも人間。ゲームで珍しいキャラクターが手に入るというようなキャンペーン期間に大金を投入してしまったりします。

エステ、スポーツクラブ、塾やお稽古ごと。郵便ポストを開ければ、たくさんのチラシが入っていますね。どれも「初回無料」「入会金無料」「体験無料」とうたっています。

消費者金融のＣＭでは、最初の一定期間は金利なし、というのもあります。お金を貸して金利で儲《もう》けるのが金融業の基本なのに、どうしてこのシステムが成り立つのか、子どもと一緒に考えてみるのもいいでしょう。

早期撤退できる人、できない人

「サンクコスト」という言葉を聞いたことはありますか？

日本語に訳すと「埋没費用」。つまり、「いままでに使ったお金や労力のうち取り戻せないもの」。事業などに費やした資金や労力のうち、その事業から撤退したり、中止したりしても回収不可能なものを指します。ビジネスにおいては、このサンクコストは考えに入れず、無視することが鉄則。

「こんなにお金をつぎ込んでいるのだから少しでも元を取り返したい」など、それまでに投資した資金や労力、さらに時間を惜しんで継続すると、損失が拡大するおそれが多いからです。

株や投資信託で、大きな失敗をする人は、早期撤退、「損切り」ができない人です。ギャンブルが恐ろしいのはそこです。

資金にも自分の精神力にも余裕十分で、熱くなったりもせず、ずるずると続けてしまわず、きっぱりと最初の予算で切り上げる。それを実践できる人が世の中にどれくらいいるでしょう。

子育てをしていると「ああ、この子は熱くなりやすいな」とか「誘惑に弱いタイプだな」「人に見栄をはりやすいな」とか、そんなことがわかりますね。

お金とのつきあい方、得意な管理の方法には、もともとの性質が大いに関係あります。

前述したある資産家のふたりの息子さんのように、コツコツ管理して貯められるタイプ、大胆にお金を使って財産を増やすタイプと、同じようにへだてなく育てていても、生まれ持った性質は大きくは変わらないものだからこそ、子ども自身も自分の弱点を知ることが大切なのです。

知恵袋
27

お金のこわさを教えるために、
親の「失敗」はどんどん話そう。
ニュースもチラシも最良の教科書となる。

「自分は特別」という意識のリスク

先日、私のセミナーにこんな相談者がいらっしゃいました。

ひとりは都心にマンションを2部屋持っているという大手一流企業にお勤めの方。不動産投資で悠々自適ライフを送りたい、と銀行でローンを限度額いっぱいまで借りられるだけ借りて購入したが、その支払いで首が回らない、というものでした。1部屋を賃貸に出しているとのことでしたが、賃貸収入の見込みと支払いに大きな差があったわけです。そもそもが勉強不足ですし、自分の支払い能力を超えた高額の借金に躊躇《ちゅうちょ》がない、ということも大問題です。**銀行が貸してくれる金額と、自分が支払える金額には差があるということがわかっていなかった**のです。

不動産投資塾に半年以上も会費を払い続けている方もいました。

高額な会費を払っている会員だけに優良な投資物件を紹介する、ということのようですが、すでに会費が60万円になっているのにまだ1件も紹介されてないと。これはもう完全に怪しい、ある種の詐欺のようなものですから、すぐに退会することを勧めました。「よかったね、60万円で済んで」と。虎視眈々《こしたんたん》とカモネギを探している悪い人にジャンクな物件をつかまされなくて良かったですね、と。

多少の損をしてでも身を守る「損切り」がなかなかできないこういうタイプの方や、ちゃんと「勉強」ができない方は、株や投資話には近づかないほうが身のためです。

不動産投資に限らず「あなただけ特別に」という儲け話はまずない、というあたりまえのことがわかっていないのです。ハンバーガーチェーンなどの「コーヒー0円キャンペーン」など、「お得商品」や「限定品」などでお客を惹《ひ》きつけるビジネスの常套《じょうとう》手段は、暮らしのなかでいくらでもあります。

「あなただから特別に」というのは人をだますときのキラーワードです。

資産家が子どもに小さいときから教えこんでいるのはコレです。

「ただほど高いものはない」「そうそううまい話は転がっていない」んです。

マーケティングの本を一冊読んでみるとよくわかります。最初は「無料」で人を呼び込んで、お得感を前面に押し出したフロントエンドで集客、間口を広げておいて、この段階で安心させたら、この段階でバックエンドの回収を図る、というような手法について書いてあります。「売りつける側」「だます側」の思考とテクニックについて書いてありますから、読んだことのない方はお勧めします。

子どもをこういった誘惑からどう守るかはもちろん、大切な家族の財産をどう守るかのとても良い参考書になると思います。

私が相談を受けた方たちは、お金を稼いで貯める力は持っていても、それを豊かに使う方法を学ぶチャンスのなかった人でした。ニュースなどでお金で失敗した人たちをたくさん見ていても「自分はだまされたりしない」という意識があったのではないでしょうか？

何より「勉強不足」でした。

複利と単利、金利の違いを説明できる？

欧米では実に約半数の学生が「金利の複利と単利との違いを理解している」という調査があります。

これは、２００８年のリーマンショック以降、無計画な借金やクレジットローンを抱え込まないよう、政府主導、またはＮＰＯなどの協力をもとに義務教育期間中の金融教育に力を入れてきた成果が出てきているといわれています。

日本でも、成人年齢の引き下げや、若年層の金融被害拡大がきっかけとなって、子どもの金融に関する知識と理解を高めていく必要がある、との危機感が高まっています。

いままで、日本では学校で**マネー教育**をすることは、ほとんどありませんでした。最近は、全国の中学・高校で「金融リテラシー」向上のため銀行などの金融機関から講師が派遣され、金融犯罪に巻き込まれることのないようリスク管理中心の講座が開かれることも多くなったそうですが、これはどんどんひろがると良いですね。

とはいえ、中学3年生の授業で、マネー教育にかけられる時間は、年間1時間からせいぜい5時間。高校3年間を通じても同様という少なさで、現場でも「これではまったく足りない」という意見が多いようです。

金融庁のホームページで公開されている副教材には「家計って何だろう」から始まって、生活設計と金融の役割など、基本的かつ重要な学びが書かれていますが、これだけで金融リスクまでしっかり学べるかというとなかなか難しいのではないでしょうか。

だからこそ、ますます家庭内でのマネー教育が重要になってくるのです。

「家庭内借金」のススメ

そこでお勧めしたいのが、**家庭内での借金。**

「家庭内バンク」でローンを組ませ、子どもに「借金」を体験させながら、金融のキソを学ばせるのです。

「金利とはなにか」「借金の仕組み」「信用経済とそのリスク」など、金融リスクを理解するには実践がいちばん。

これは、家族のライフプランを作成して、自分の収入を「貯金」する、ということが実践できるようになっていれば、子どもが小学生でもどんどんトライしてもらいたいことのひとつです。

欲しいものをあきらめたくない、でもおこづかいをコツコツ貯めていては大人になっちゃう！……というような高額商品を子どもが欲しがったとき、どうしていますか？

その時はがまんさせて誕生日やクリスマスのプレゼントにする、という家庭も多いと思いますが、こんなときがファイナンシャル・リテラシーを高めるチャンスです。

利子や返済期限などの条件もきっちり話し合いで決め、月々の収入から返済させます。

もちろん、取り立ては厳しく（笑）、甘えやさらなる借金は許しません。当初の話し合いどおり、月々ちゃんと返済ができるかどうかは、その子の「事業計画」次第です。

「借金できる金額」も「返済期間」も、現在の貯金額や今後の見通し「事業計画」によって変わってくるはずです。

1万円のサッカーボールを買いたい。現在の貯金が5000円、すぐ手に入れるとすると5000円の借金に2％の金利がつくとする。収入が大体月2000円として、その間、マンガを買うのも諦めたくない。となると、返済可能額は500円。では完済までに何か月かかる計算になる？　総支払い額はいくらになる？　それは果たして現実的なのか？……これならば、半年がまんしたほうがよさそうだ、ということになるかもしれません。

金利の仕組みと「72の法則」

家庭内借金を実践するときに、まず教えたいのが「金利」の仕組み。

さきほどの「複利」と「単利」。あなたは子どもにちゃんと説明できますか？

単利とは、常に当初預けたり借り入れたりした金額の元本に利息が計算されること。

（元金）＋（元金）×（利率）×n＝元利合計　※n＝年

複利とは、利息を元本に足し、これを新しい元本として利息を計算する方法。
（元金）×（1＋利率）のｎ乗＝元利合計

元金100万円、金利2％の貯金で考えてみましょう。
金利2％ならば、1年目の利子は元本×0.02＝2万円。

	複利	単利
	↓	↓
1年後	**102万円**	**102万円**
2年後	**104万400円**	**104万円**
3年後	**106万1208円**	**106万円**
…	…	…
36年後	**203万9887円**	**172万円**

複利と単利ではこんな差が出ます。

貯金や投資の場合、「複利」はありがたいものですが、「借金」は逆。

１００万円を借金して金利２％で借りた場合、金利２％＝２万円以上の支払いをしないと、いつまでたっても元金は減らないというオソロシイ事態になるのです。

借金をするときも投資をするときも、この「複利」をちゃんと理解していないと、長期的に大きなリスクを抱えることになります。

このリスクを直感的に考えるための便利な方法、「72の法則」をご存じですか？

72÷金利≒手元のお金が2倍になる年数（期間）

簡単な計算式で元金が2倍になるまでの年数がわかります。

72÷２＝36

貯蓄の場合、２パーセントの金利ならば、元金が2倍になるまでおよそ36年かかる、ということです。

借金の場合は、クレジットカードの分割払いやリボルビング払いを利用する場合で考えてみましょう。リボルビング払いの金利は通常12パーセント〜18パーセント。18パーセントで借りると、

72÷18＝4

約4年で、借りたお金（元金）が2倍になることがわかります。

あくまで近似値ですが（金利5％以下の場合は「70」を適用したほうがより正確な数値に近くなります）、直感的に、自分の貯金や借金がどう変化していくかがわかります。

これが、リスクを直感できるようになる力になります。

家庭内借金をするときには、必ず金利のこと、複利・単利の仕組みと、72の法則を最初に教えます。

さきにあげた金融庁のサイトや、銀行などの子ども向けサイトなどに、そういったファイナンスの基礎知識を得られるものがたくさんありますし、親自身もあらためて、自分のファイナンス・リテラシーをキソのキソから一緒に学びなおすことをお勧めします。

知恵袋
28

「家庭内借金」はとてもお勧め。
「72の法則」を教えて
金利の仕組みを理解させよう。

「良い借金」と「悪い借金」

家庭内借金は、「借金には良い借金と悪い借金があること」「自分の返済能力と傾向」についても体験的に学ぶ大きな機会となります。

「良い借金」とは「借金をすることで新しいお金を生むことができるもの」。ローンを組むことで定期的な収入を得ることができる良質な不動産投資などがこれにあたります。お金に自由な資産家の多くは「良い借金」をしています。

「悪い借金」とは、「身の丈にあわない目先の欲望のための借金」や「借金がさらなる借金を呼ぶようなもの」。

生活に必ずしも必要ではない分不相応なブランド品をクレジットカードで買ったりなどの「目先の欲望のための借金」や「ギャンブルのための借金」、自分の返済能力を超えた借金でさらに借金が必要になる高利子のローンやリボ払いなどがぱっと思い浮かぶのではないでしょうか。

不動産投資だって、物件次第で「良い借金」にも「悪い借金」にもなります。

決められた返済計画通りにお金を返していけなかったらどうなるか？
口座の残金から引き落としができない、ということが数回あれば、ブラックリスト入り、あっという間に信用を失ってしまいます。一度失った信用を取り戻すのは大変なことです。

本当に借金をする価値のあるものなのか？
自分はきちんと返済していける能力があるのか？
借金をするメリットとデメリットは？
将来的なリスクにはどんなものがあるのか？

借金をする前に、考えなければいけないことがたくさんあることを「家庭内借金」で教えましょう。

信用残高が多い人になろう

「お金持ちは資産だけでなく、親から豊かな人脈も受け継いでいる、とうらやましいです。お金もない、学閥もない、ごく平凡なサラリーマンである私の子どもが、今後、少しでも豊かな人脈を築いていくにはどうすればいいでしょう？」

そんな質問を受けたことがありますが、答えはカンタンです。

「銀行がお金を貸したくなるような人」＝「信用残高が多い人」になることです。

銀行からお金を貸してもらえた人が資産家になり、お金持ちになるのです。

「銀行がお金を貸したくなるような人」を具体的にあげれば、こうなります。

1　黒字の人（収入ー支出＝プラスの人）

2　純資産の人（資産ー負債＝プラスの人）

3　健全な人（ウソをつかない、数字に強い、報告・連絡・相談が適格でコミュニケーション能力が高い人）

4　信用情報がクリーンな人（過去に滞納などの金銭トラブルのない人）

数字に強い人というのは、自分の「経営状態」や「事業の見通し」について、イメージだけでなく具体的な数字で語れる人、ということです。

「今月は3万円の赤字が出ているが、これは冠婚葬祭用の予算3万円を超えて結婚式が2件続いたからです」という人と「今月は赤字がいくらかありますが来月は大丈夫です」という人、どちらが信用できますか?

「来年、子どもが大学を卒業するので、毎月の貯蓄額をプラス5万円にしていくつもりです。そうすると、トータルで年間60万円の貯蓄増となる予定です」という人と「子どもが大学を卒業したら、老後資金をぼちぼち貯めていこうと思っています」という人。どちらが安心できますか?

こんなふうに具体的に数字で自分の生活を語れる人が「数字に強い人」。

さらにいえば、万事にいいかげんな人はもちろん信用されません。

時間にルーズだったり、身だしなみがだらしなかったり、あいさつができなかったり、約束を守らなかったり、アバウトな人、丁寧でない人は、どうしても印象が悪くなります。

書類や物を雑に扱う人、大切な申請書なのに殴り書きをしたり(下手な字でも良いのです。丁寧に書くという姿勢が大切です）、必要な情報がすぐ出てこないような管理下手な人……。銀行員時代はこういった情報も、印象論だけでなく、実際の経験上から導き出された「お金と関係のある情報」とみなしていました。

お金と信用は関係の深いものですが、「人に信用される」ことは、お金がなくてもできることです。

ウソをつかないこと。
仕事が早いこと。
数字で語れること。

この3つを実践できる人が人に信用されるのです。

そう考えると、子ども時代からできることがたくさんあると思いませんか？

「仕事が早い」とは、「行動力があること」「約束を守る」こと。引き受けた仕事が締め切りに遅れるなどということがない人や、人からのアドバイスを素直に聞いてすぐ行動に移せる人のことです。

銀行員の仕事は「ウソを見ぬくこと」。

実力がないのに自分を大きく見せようとしたり、取りつくろう人のことはすぐわかります。有名人と知り合いだとか、どこそこに行ったことがあるなど、「自分そのもの」と関係ないことを自慢の種にするような人は、自分の中身がないことを言いふらしているようなものです。

そんな態度を取る必要のない人になることが、お子さんの人生にいちばん必要なことなのです。

銀行員を25年続けた私の経験上、すべてにパーフェクトなお客さんはいません。

親子で「信用ができる人」ってどんな人だろう？　「お金を貸したくなる人」「お金を貸したくない人」ってどんな人だろう？　というテーマで話してみてください。

知恵袋
29

「信用」がお金をもっと増やしてくれる。
信用残高を増やせる人を目指そう！

新しい経済の時代

加速度的にキャッシュレス時代が進んでいるいま、さらに「暗号通貨（仮想通貨）」というまったく新しい経済の仕組みが登場しています。暗号通貨についても少し触れておきましょう。

私自身が暗号通貨、ビットコインを知ったのは3年ほど前。ファイナンスのご相談にのっていた方から「菅井さん、ビットコインって知ってます？　いま絶対に買っておいたほうがいいですよ」と勧められたのです。

ごく簡単に説明すると、貨幣や紙幣などの形を持たないバーチャルな通貨がビットコインに代表される暗号通貨です。ナカモトサトシと名乗るナゾの人物が発表した、ブロックチェーン技術という新しいテクノロジーについての論文がもとになって2009年に発行されました。

最大の特徴は、中央集権的な管理者が不在であること、つまり、国や政府、中央銀行が発行に関与していないこと。その仕組みを支えているのが「ブロックチェーン」と呼ばれる技術であることの２点です。

銀行などの金融機関では取引データなどを、中央サーバーなどに置く中央集権的な管理システムで守っています。これに対して、ビットコインなどの暗号通貨では、この中央サーバーがありません。全取引データを、ネットワークの参加者全体で共有することで、第三者の介入や、履歴の改ざんが不可能な仕組みとなっています（ある一定期間の取引データの塊〈ブロック〉が記録され、そのブロックを鎖〈チェーン〉のようにつなげた全取引データをネットワークの参加者〈ノード〉全体で共有することで、第三者の介入や、履歴の改ざんがほぼ不可能となり安全性が高くなる）。

このシステムを支える「ブロックチェーン技術」がいかに画期的なもので、我々の生活をどう変えていくのか――暗号通貨がもたらすであろう新しい経済の未来については、すでに多くの書籍が出ています。

佐藤航陽さんの『お金2.0』や、ホリエモンこと堀江貴文さんの『これからを稼ごう』などに、このブロックチェーン・テクノロジーがこれからの経済と世界をどう変えていくのか、どう変わり始めているのかについて、実にわかりやすく書かれていますので、そちらを参考にしていただいたほうがよさそうです。

ビットコインに代表される暗号通貨についてだけで一冊の本が書けるくらいです。ここでは、私が、暗号通貨と出会ったときに、何をしたか、についてお話ししましょう。

徹底的に勉強して購入した「暗号通貨」

ビットコインの存在を知った私がしたことは「勉強」です。


徹底的に調べました。

調べれば調べるほど面白いと思いましたし、金融の概念を根底から変える画期的な発明だ、とワクワクしました。

私たちがいま使っているお金は、円にしてもドルにしてもユーロにしても、政府が発行し中央銀行が管理する「通貨」です。円とドルを交換する際には、為替レートにもとづいた為替手数料がかかるし、海外に送金しようと思ったら、銀行にばかばかしいほど高額な手数料を支払わねばなりません。

一方、暗号通貨の送金手数料は少額ですし、24時間、ほぼリアルタイムで、送りたい人に直接お金を届けることができる、データの改ざんなどへのリスクが低く、中央サーバーで管理していないということが逆に安全性を高めている――すごい仕組みです。

たとえば日本で働く外国人が故郷の家族にお金を送金しようと思ったとき、ビットコインを使えば高額な手数料は不要となります。スマホひとつでコインの移動が可能なので、銀行が近くにない途上国や、中国のように国に個人の資産を管理されている国で爆発的に広まったのもうなずけます。銀行はいらなくなるし、**そのうちに現金から完全に解放される世界が来るのではないか、**と思います。

仕組みだけでなく、どんなリスクがあるのか、どう管理すればよいのか、どうやって始めるのか、どの暗号通貨を買えばいいのか、本やインターネットで調べるだけでは足りないと、取引所や発行所のホワイトペーパーも読みあさりました。読んでもわからないことは徹底的に詳しい人に教えとアドバイスを乞いました。

そして、ウォレットといわれる暗号通貨用の財布を購入したり、実際にコインを購入するプロセスで、さらに体験的にこのシステムを理解しました。

「よくわからないことに投資するな」は、投資の鉄則だということはお伝えしましたが、実際にやってみないとわからないこともたくさんあるのです。

フィンテック――ファイナンス（金融）とテクノロジー（技術）を組み合わせた造語ですが、現代は、ＩＴなどの新しい技術の進化によって金融世界が革新的な変革のまっ最中、ものすごい勢いで変化しているのです。

本を読んでも難しい。よくわからない。わからないから思考停止、放置してそのまま……。よくわからないから、よけいにうさんくさくもありコワくも感じる、という状況は危険です。**わからないことをわからないままにしておくと、自分の財産を増やすどころか、どんどん減らしていきかねません。**

ではどうすればいいか？

子どもと一緒に勉強すればいいんです。

スマホの扱いを子どもがあっという間に覚えたように、若い世代のほうが新しいテクノロジーへのハードルが低いもの。

いずれにしても、彼らは「新しい経済の世界」を生きていくのですから、始めるのは早いほうがいいでしょう。**一緒に調べて、一緒に準備して、一緒に始めて、一緒に失敗して、学んでいけばいいのです。**

世界をつなげる「お互いさまの力」

インターネットが世界を狭くした、とはよく言われることですが、暗号通貨によって、国家の壁、通貨の国境がだんだんとなくなっていくことでしょう。そのときに、必要な力はなにか。

私は「受援力《じゅえんりょく》」だと思っています。つまり、人の助けを得る力、です。

「地域通貨」というのをご存じですか？　ある一定のコミュニティ内だけで通用する通貨のことですが、関東のある村では、「通貨なし」での経済活動が成り立っているといいます。

たとえば、「Aさんが Bさんを車で駅まで送る」「Bさんは Cさんの庭の草取りをする」「Cさんは Dさんの服をリフォームする」というような、お互いができること、得意なことで与え与えられる活動のやりとりだけで村のなかでの経済活動が成り立っている、というものです。

このコミュニティの記事を読んだとき最初は驚きましたが、考えてみればこれは昔ながらの**「お互いさま」経済**です。

私の父は、よく近所の方の相談にのっていました。会社の経理畑で働いていましたので確定申告や税務書類の作成のアドバイスなど、お金に関する相談ごとが主でしたが、相談に来た方は帰りに野菜を置いていってくれたりしていたものです。そんなとき父はいつも、

「なに、ほだな、お互いさまっだなぁ（そんな、お互いさまですから）」

と言っていたものです。

父は85歳まで地元でひとり暮らしを続けましたが、高齢の父を村の人たちみんなで支えてくれました。元気でやっているか、困っていることはないか、ちょくちょくのぞいてくれ、庭の手入れや雪かきなど、高齢者のひとり暮らしでは手がまわらないことまで手を貸してくれました。

本当に「おかげさま」です。

それもこれも、「お互いさまっだなぁ」と、人の世話ばかりしてきた父だからこそ、人生の最後までお金にも人手にも困ることなく、本当の意味での豊かな人生をまっとうできたのだと思います。父は、**「受援力のある人＝もらえる力のある人」になっていたのです。**

人を助けてあげられる人は、助けを受けられる人です。

「受援力」とは、助けを求め、助けを受ける「力」。


どんな世界になっても人はひとりでは生きられません。

金は天下のまわりもの、と言いますが、お金もまた自分のものであり、そうでない。

自分のための働きは、ほかの人のための働きとなります。

謙虚に、また素直に、人に学び、人のために自分の力をいつでも差し出せるようになることこそが、これからの子どもたちにいちばん必要な力ではないでしょうか。

「丁賞感微」で「もらえる人」に

では、どういう人が人の助けを得られる力の持ち主になれるか？

私は、丁賞感微《ていしょうかんび》だと思っています。

「低誉感微名《ていしょうかんびめい》」と書くこともあるようですが、ようするに人と接するときの極意をあらわしています。

いろいろな解釈があると思いますが、私はこう理解しています。

丁（低）　いつも丁寧に、頭を低くして初心を忘れず
賞（誉）　相手を誉《ほ》め尊敬していることを伝え
感　　　感謝の気持ちを忘れずに
微　　　いつもニコニコ笑顔を絶やさずに
（名）　肩書にとらわれずその人の名を呼び、人対人のおつきあいを

まごころの通った人間関係を育てるためのヒントであり、自分育てのヒントです。読めば読むほど、深いなあ、と思います。毎日こうして過ごすことができれば、人から悪い印象を持たれることはありませんし、人間関係がこじれることもないでしょう。

「丁賞感微」な人と「受援力のある人」はイコールです。
未来を生きる子どもに必要なのは「もらう力」なのです。

だって、こんな人が困っていたら、助けてあげたくなりませんか？
助けてくれる人が自分のまわりにたくさんいたら、究極、お金がなくても生きていけると思いませんか？

「人のためにお金を使うと、もっと大きくなって戻ってくるから、不思議とますますお金に困らなくなりますよ」

これは、私の知る資産家たちがみんな口にすることです。私自身の実感としても「お金の法則」といえる真実だと思います。

あなたの子どもの生きる世界がこれからどうなろうとも、10年後も20年後も、世界から「困っている人」はなくなりません。

困っている人がいるところにはビジネスが発生します。

進取の気性で稼げる人になりましょう。

「稼ぐ力」さえあれば、「増やせる人」になれますし、「使える人」になれます。

「自分のためだけでなく、人のために使える人」になれば「もらえる人」になれるのです。

知恵袋
30

新しい経済の世界は
お金から自由になる世界。
丁賞感微を実践して
「もらえる人」として生きよう。

あとがき

「これを自分がやることで、誰を喜ばせられるだろう？」
「成功のために必要なのは〝夢〟なのではなく〝努力〟を〝継続〟すること。努力を継続するために〝夢〟が必要なのだ」
「毎日やっていることが未来になる」

私は、正月が来るたびに、前の年に書きためておいたこんな「メモ」を息子たちに渡します。本を読んだり人から聞いた話で「これは！」と思ったり、ふと感じたことの「覚え書き」です。

子どもが大きくなって生家を離れれば、面と向かっての会話は少なくなります。父と息子ならなおのこと。格言めいた言葉になればなるほど、照れくさいし説教くさくもなりがちなので、「ほい」と手書きのメモ帳を渡すのです。

読んでいるのかいないのか、息子たちとそれについて話をすることもありませんが、びっしりと書き込まれた一文字一文字から伝わることはきっとあるだろう、と信じています。

「富と幸せのあるべき究極のかたちは社会貢献だと悟った。経済行為のすべてはそのための手段にすぎない」

ある年の私の「メモ」にある言葉です。

人はひとりでは生きられません。

お金がすべてではない、と思っていても、現実的には経済活動から逃れて生きていくことはできません。生きていくためには、お金が必要不可欠な媒介となることは確かです。けれど、**お金に縛られて生きていくことほどばかばかしく貧しいことはありません。**

明日の食費、来月の家賃、10年後の医療費の心配をしてばかりいては、いま大切なことを見失ってしまいます。20年後の自分が心配だから、お金を使えない――いくらお金があっても、とても貧しい生き方です。

もっとお金が元気になるような使い方のできる人をめざしてください。そうすれば、与え与えられて「もらえる人」になれます。そうすれば、お金の不安なく生きていくことができます――そんな思いを込めたこの本が、みなさんと大切な家族の人生を、より拓《ひら》いていくものになるよう願っています。

あなたと子《こ》どものお金《かね》が増《ふ》える大金持《おおがねも》ちの知恵袋《ちえぶくろ》30

2019年1月30日　第1刷発行

著　　者　菅井敏之《すがいとしゆき》

発 行 者　茨木政彦

発 行 所　株式会社 集英社

〒101-8050 東京都千代田区一ツ橋2-5-10

編集部 03-3230-6141

読者係 03-3230-6080

販売部 03-3230-6393（書店専用）

印 刷 所　凸版印刷株式会社

製 本 所　加藤製本株式会社

ISBN 978-4-08-781619-8 C0036

菅井敏之　すがい としゆき

元メガバンク支店長。「お金の町医者」として活動中。
別名「田園調布のマネードクター」。
1960年生まれ。学習院大学卒業後、三井銀行（現・三井住友銀行）に入行。
個人・法人取引、およびプロジェクトファイナンス事業に従事する。
金沢八景支店長（横浜）、中野支店長（東京）を経て、48歳のときに退職。
複数のアパートオーナーとして不動産賃貸事業に力を入れる。
2012年に東京の田園調布にカフェ『SUGER COFFEE』をオープン。

銀行員としてのお金を「貸す側」、不動産投資家としてのお金を「借りる側」、両方の視点を生かして毎年安定した収入を得ることに成功した経験をもとに、全国の講演会で講師として活動するほか、テレビ・ラジオ等にも多数出演。
初の著書『お金が貯まるのは、どっち!?』は、40万部突破のベストセラーとなり、2015年、オリコンビジネス書部門第1位に輝いた。その他、『家族のお金が増えるのは、どっち!?』、『金の卵を産むニワトリを持ちなさい』、『読むだけでお金の増やし方が身につく 京都かけだし信金マンの事件簿』（すべてアスコム刊）など著書多数。

講演などのお問い合わせは「菅井敏之公式サイト」まで。
http://www.toshiyukisugai.jp/

出典
『ガンディー　魂の言葉』マハトマ・ガンディー　浅井幹雄監修
大嶋賢洋企画・超訳 豊田菜穂子・豊田雅人訳（太田出版）
『赤毛のアン』モンゴメリ　村岡花子訳（新潮文庫）
「スポーツニッポン」2013年2月2日

巻末付録

ベーシックコラム

STEP1 ファイナンスの基本、ＰＬとＢＳを理解しよう！

家庭の経済は会社を経営するのと同じです。では、会社の経営状態はどのように管理されているのでしょうか？
いうまでもなく企業は「お金を集めて、投資して、利益を上げる」ことを目的としています。その企業の「お金についての健康状態」がわかるのがいわゆる財務３表。
「一定期間のお金の出入りの、プラスマイナスの収支をみるもの」が
損益計算書＝ＰＬと、キャッシュフロー計算書＝ＣＦ
「ある時点での財産の、その価値のプラスとマイナスの収支をみるもの」が
貸借対照表＝ＢＳ
会社の経営状態がすぐに読み取れる財務３表は、経営の基本中の基本となります。
ＣＦは、いってみれば「資金繰り」。本書ではキャッシュフロー計算書は割愛し、もっとも重要なＰＬとＢＳという考え方を家計と家族経営の基本にしていけるようにします。
難しそう、と思われるかもしれませんが、大丈夫。シンプルに考えていきましょう。

◆ＰＬ（損益計算書）は　「収入と支出の箱」
これは「収入と支出の箱」です。

収入から、支出、つまり人件費や材料費などの費用を引くことで、１年間でどれだけ利益が出たか（増益）、あるいは利益が減ったか（減益）がわかります。

「収入＜支出」のバランスであれば赤字の家計。「収入＞支出」であれば、黒字の家計です。

収入
支出

◆ＢＳ（貸借対照表）は「資産と負債の箱」
バランスシート、という名前が表すとおり「資産と負債の箱」です。
資産から負債をマイナスして出した「純資産」もこの箱にはいります。

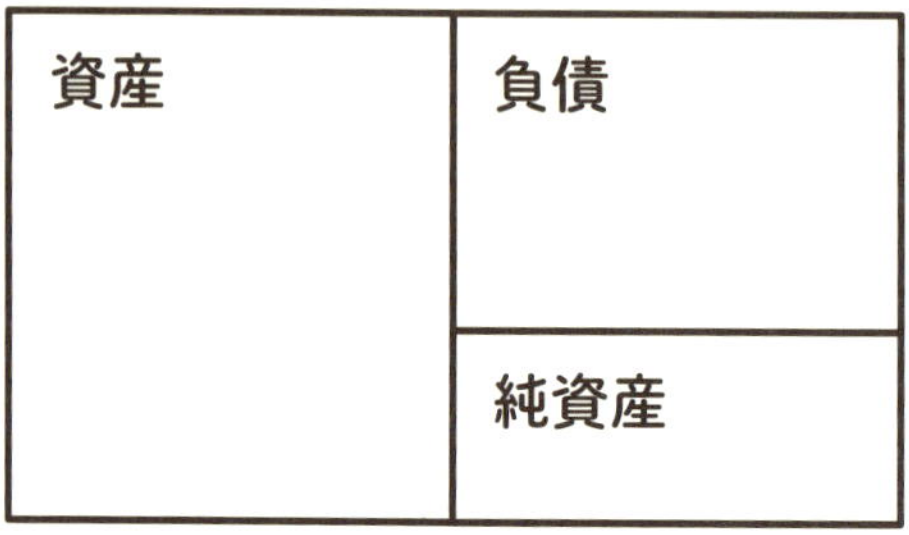

STEP2 家族の「資産」はどれくらい？

ステップ２では、ＰＬとＢＳの箱に、具体的に記入できるように、家族の資産を考えていきましょう。
お金の話を子どもと共有するためには、家族の「資産内容」をきちんと知らなければできません。ところが、意外ときちんと把握していなかったり、パートナーに任せっぱなしで知らなかったりする方も多いのです。

毎月の生活費、食費にいくらかかっていますか？
先月の収入と赤字（黒字）額はわかりますか？
住宅ローンの金利は？　残債額は？　何年後の何月に完済予定ですか？
今、自宅を売却するとしたらいくらくらい手元に残りますか？
固定資産税は毎年いくら払っていますか？
住宅ローンや車のローン以外に細かい借金はありますか？
お子さんの学費は、年間いくらですか？
銀行の口座にはいくらありますか？
夫（妻）の口座はいくつあって、いくら入っていますか？

いかがですか？　意外とパッと答えられないものもあるのではないでしょうか？

まずは自分たちの資産の内容と状況をしっかり把握しておきましょう。

①自分の資産を知る。

資産には大きく分けて３つあります。

●金融資産
給料や年金などの収入から生まれた貯蓄、株式や投資信託、生命保険の（解約）返戻金などが金融資産。利子や配当金など､元金が新しいお金を運んでくれます。

●不動産資産
土地や家屋など、収入付きの不動産。「家賃」というお金を運んでくれる不動産のこと。住宅ローンを支払いながら自分たちが住んでいる不動産は、「資産」扱いとなりますが、「お金」を生んでくれてはいないということにご注意。

●人的資産（ビジネス力）
収入を生む、その人自身の力や能力です。健康に働ける体と頭脳はもちろん、取得した資格、いざというとき頼りになるネットワークなどもここに入れます。著作権、特許、など「自身が働かなくても」お金を生み出してくれる力と仕組みがあれば強いですね。

②自分たちの「負債」を書き出す。

「負債」とは、借金のこと。

住宅ローン、自動車ローン、教育ローンなど。忘れてしまいがちですが、携帯電話のローン、カードローンやキャッシング、クレジットカードでの支払いやリボ払い、返還ありの奨学金などももちろん「借金」です。

③純資産が見えてくる。

資産から負債を引いたものが、「純資産」です。

資産－負債＝純資産

純資産がマイナスなら「赤字の家」、プラスならば「黒字の家」となります。
黒字の家でも「思ったより少ない」「このままいくと、早晩赤字になりそうだ」など、純資産の額がわかれば、今後、必要なこと、するべきことが見えてくるはずです。

資産		負債	
現金・預貯金	○○○	住宅ローン	○○○
有価証券	○○○	教育ローン	○○○
生命保険	○○○	奨学金	○○○
自宅	○○○		
車	○○○	**純資産**	
年金	○○○	（資産 － 負債）	○○○

資産と負債を書き出して、純資産を出す。

STEP3 家族の「財務諸表」をそれぞれ書いてみよう。

家族の「収入」と「支出」。「資産」と「負債」「純資産」がわかりましたから、それをPLとBSの箱に書き込んでいきましょう。
親たちの財務2表はたとえばこんな感じになるでしょう。

PLのサンプル

収入		
給料		○○○
●株配当金		○○○
▲株売却金		○○○
支出		
固定費	住宅ローン	○○○
	固定資産税	○○○
光熱費	電気代	○○○
	ガス代	○○○
	水道代	○○○
生活費	食費	○○○
	交際費	○○○
特別費	●株値下がり	○○○
貯蓄		○○○

PLとBSの関係

①PLでわかる「貯蓄」が、BSの「現金・預貯金（利益剰余金）」になる。②BSの「資産合計」と「負債・純資産合計」は一致する。

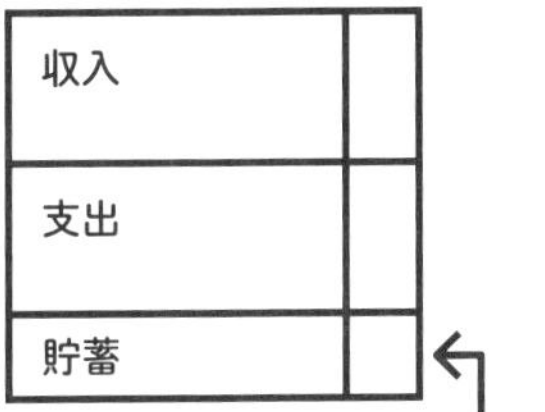

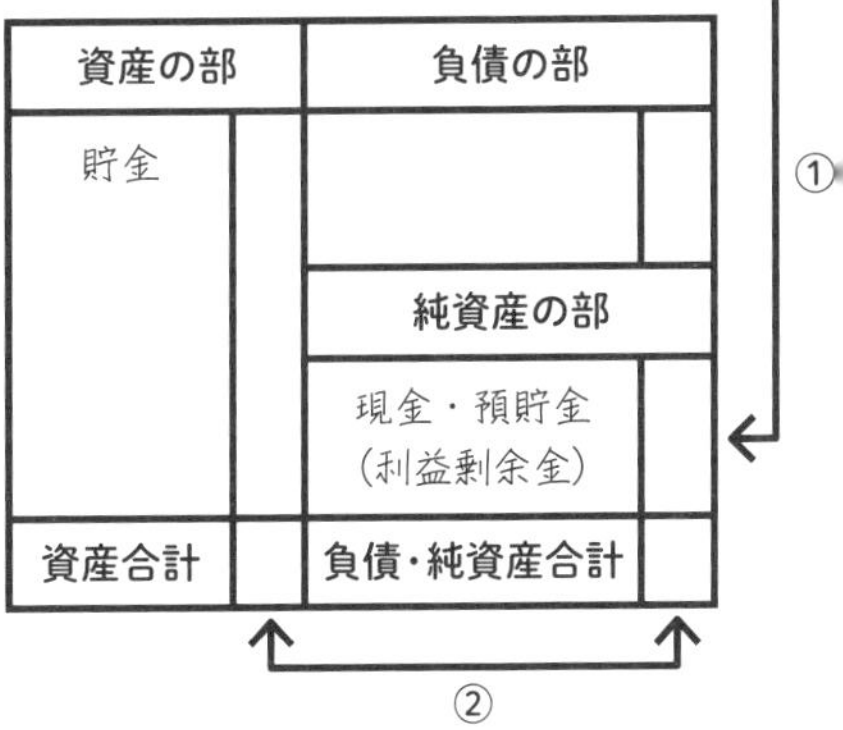

PLとBSを見ると、家計の健康度がわかります。

健康な状態（資産が多い状態）

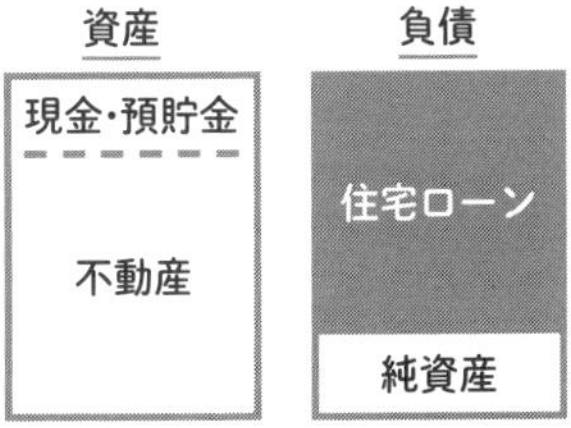

不健康な状態（負債が多い状態）

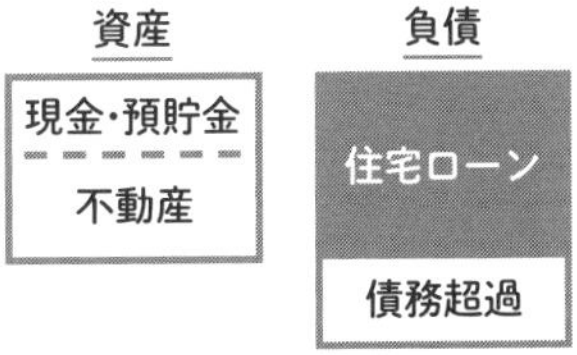

子どもにも、自分の「箱」を書かせてみます。

「収入」や「資産」「負債」などもできるだけ具体的に記入してみるのです。

収入	資産	負債
毎月のおこづかい お年玉 働いたお駄賃	貯蓄 ゲーム機	ゲームを 買うために 前借りしたお金

支出	純資産
文具など必要経費 書籍代 塾のときのジュース代	なし

子どもの箱にも意外と「貯蓄という資産」があるかもしれません。けれど、おこづかいやお年玉など「苦労なく与えられたもの」のはず。

自分の力で「稼いで、資産を増やす」ためにはどうすればいいのか？

「人的資産」、つまり「ビジネス力」を高めるために、伸ばしていきたい自分の才能と能力、得意分野について、ＰＬとＢＳを見ながらおおいに話し合ってみてください。

STEP4 財務諸表は常にアップデートする。

ＰＬとＢＳは、家計の健康度のものさし。経営学では、「世界のすべてがＰＬとＢＳで語れる」とまでいわれる大切な考え方です。不動産の購入などの大きな機会だけではなく、進級や卒入学などのタイミングにくり返し作り直し、常にアップデートしておきましょう。

参考に、4人家族のロングスパンのライフプラン表の例を作成しました。

家族構成例として4人家族――45歳の両親、中1の長女と小4の長男。別居の祖父母たち。8人全員の「希望する将来をできる限り見える化」すると、ざっとこんな感じになります。

限りなく現実的な出来事も、希望的観測もミックスしたものとなりますが、それでよいのです。

表を作ることで、将来への夢や希望を叶えるために具体的な課題が見えてきます。

進学や祝い事、漠然としていた「タイミング」が重なり続くことに驚くのではないですか？


大きな支出のかかる子どもたちの進学に備えていくには？

娘には中高一貫の女子高が向いていると思っていたけれど、やはり公立高校一本で頑張ってもらったほうが？

共稼ぎのママには脱サラしたいという夢があるが、専門学校に通い事業を起こすまでの収入半減期を乗り切るには今の貯金ではキビシイ……さあどうする？

民泊での収入を増やしていくにはどんな工夫ができる？

退職金で旅行でも、と思っていたけれど、現実的には家のリフォーム費用をここから出さねば。それとも地方に引っ越しもアリ？


ライフプラン表は家族の未来を「見える化」し、夢や希望の実現に近づけるためのもの。

進学をあきらめるのではなく、脱サラをあきらめるのではなく、前向きな解決策や生活の刷新に大いに役に立てるためのものです。


見えてきた課題は、経営会議の議題になります。たとえば「共稼ぎ中にできる限り貯金を増やしておくために、外食は月に一度にする」、「還暦旅行ではなくちょっと豪華な食事会にする」など、みんなで課題を共有することが「ライフプラン作成」のいちばんの目的です。

		2018年	2019年	2020年	2021年	2022年	2023年
父	イベントや目標（支出概算）	45歳	46歳	47歳	48歳	49歳	50歳
母	イベントや目標（支出概算）	45歳	46歳	47歳 民泊スタート	48歳 学費100 ←鍼灸学校	49歳 学費100 鍼灸学校	50歳 学費100 鍼灸学校→
長女	イベントや目標（支出概算）	13歳（中1） 塾60 ←公立中学校	14歳（中2） 塾60 バレエ 発表会10 公立中学校	15歳（中3） 塾60 高校受験20 公立中学校→	16歳（高1） 入学金・ 学費150 バレエ発表会10 ←私立大学附属高校	17歳（高2） 学費100 （海外研修） 私立大学附属高校	18歳（高3） 学費100 大学受験30 （選挙権！） 私立大学附属高校→
長男	イベントや目標（支出概算）	10歳（小4） 塾60 ←公立小学校	11歳（小5） 塾60 公立小学校	12歳（小6） 塾60 中学受験5 公立小学校→	13歳（中1） 入学金・ 学費60 ←公立中高一貫校	14歳（中2） 学費50 公立中高一貫校	15歳（中3） 学費20 公立中高一貫校
家族	全員のイベント		ハワイ旅行 200				古希食事会 10
父方の	おじいちゃん	69歳	70歳　古希	71歳	72歳	73歳	74歳
	おばあちゃん	65歳	66歳　緑寿	67歳	68歳	69歳	70歳　古希
母方の	おじいちゃん	68歳	69歳	70歳　古希	71歳	72歳	73歳
	おばあちゃん	65歳	66歳　緑寿	67歳	68歳	69歳	70歳　古希
収入	父収入	500	500	500	500	500	500
	母収入	400	400	400	0	0	0
	その他	0	0	10	10	10	10
	収入合計	900	900	910	510	510	510
支出	生活費	200	200	200	200	200	200
	住宅費	120	120	120	120	120	120
	教育費	120	120	145	310	250	250
	保険料	25	25	25	25	25	25
	貯蓄	200	200	200	120	120	120
	その他	60	210	60	60	60	60
	支出合計	725	875	750	835	775	775
年間収支		**175**	**25**	**160**	**-325**	**-265**	**-265**

数字の単位＝万円

		2024年	2025年	2026年	2027年	2028年	2029年	2030年	2031年
父		51歳	52歳	53歳	54歳	55歳	56歳	57歳	58歳
母		51歳 人間ドック10	52歳	53歳 鍼灸院開業 100	54歳	55歳 人間ドック10	56歳	57歳	58歳
長女		19歳(大1) 入学金・ 学費120	20歳(大2) 学費50 語学留学200 成人式10	21歳(大2) 学費100	22歳(大3) 学費100	23歳(大4) 学費100	24歳 就職	25歳	26歳
		←		私立大学(文系)		→			
長男		16歳(高1) 学費20	17歳(高2) 学費10	18歳(高3) 学費10 大学受験50	19歳(大1) 入学金・ 学費150	20歳(大2) 学費130 成人式5	21歳(大3) 学費130	22歳(大4) 学費130	23歳(院 学費130
				→	←		国立大学(理系)	→	大学院
家族		海外旅行 (4人)100		喜寿食事会 10	喜寿食事会 10		傘寿食事会 10	喜寿& 傘寿食事会 20	
父方の		75歳	76歳	77歳　喜寿	78歳	79歳	80歳　傘寿	81歳	82歳
		71歳	72歳	73歳	74歳	75歳	76歳	77歳　喜寿	78歳
母方の		74歳	75歳	76歳	77歳　喜寿	78歳	79歳	80歳　傘寿	81歳
		71歳	72歳	73歳	74歳	75歳	76歳	77歳　喜寿	78歳
収入		550	550	550	550	550	550	600	600
		100	100	100	170	170	170	200	200
		10	10	10	10	10	15	15	15
	計	660	660	660	730	730	735	815	815
支出		200	200	200	180	180	180	180	180
		120	120	120	120	120	120	120	120
		140	260	160	250	230	130	130	130
		25	25	25	25	25	25	25	25
		120	120	120	120	120	120	120	120
		120	60	150	60	60	60	60	60
	計	725	785	775	755	735	635	635	635
		-65	**-125**	**-115**	**-25**	**-5**	**100**	**180**	**180**

32年	2033年	2034年	2035年	2036年	2037年	2038年	2039年
59歳	60歳 還暦 ローン完済!	61歳	62歳	63歳	64歳	65歳 定年退職	66歳 緑寿
59歳	60歳 還暦 人間ドック 10	61歳	62歳	63歳	64歳	65歳 人間ドック 10	66歳 緑寿
27歳 独立!	28歳	29歳	30歳 結婚! 100	31歳	32歳	33歳	34歳
歳(院2) 費 130 →	25歳 就職	26歳	27歳	28歳	29歳	30歳 結婚! 100	31歳
	還暦祝旅行 (2人)30 傘寿食事会 10				米寿食事会 10	リフォーム 250 米寿食事会 10	定年祝旅行 (2人)30
83歳	84歳	85歳	86歳	87歳	88歳 米寿	89歳	90歳 卒寿
79歳	80歳 傘寿	81歳	82歳	83歳	84歳	85歳	86歳
82歳	83歳	84歳	85歳	86歳	87歳	88歳 米寿	89歳
79歳	80歳 傘寿	81歳	82歳	83歳	84歳	85歳	86歳
600	600	400	400	400	400	400	0
200	200	300	300	300	300	300	300
15	15	15	15	15	15	2000	300
815	815	715	715	715	715	2700	600
180	180	180	180	180	180	150	150
120	120	50	50	50	50	50	50
130	0	0	0	0	0	0	0
25	25	15	15	15	15	15	15
120	120	120	120	120	120	120	50
60	60	60	160	60	60	170	60
635	505	425	525	425	425	505	325
180	**310**	**290**	**190**	**290**	**290**	**2195**	**275**

数字の単位=万円